Heinz Hille

**Business- und Marketingpläne für Existenzgründer**

Ratgeber für einen erfolgreichen Start in das Geschäftsleben

IGEL Verlag

Heinz Hille

**Business- und Marketingpläne für Existenzgründer**

Ratgeber für einen erfolgreichen Start in das Geschäftsleben

1. Auflage 2008 | ISBN: 978-3-86815- 077-3

© IGEL Verlag GmbH , 2008. Alle Rechte vorbehalten.

Die Deutsche Bibliothek verzeichnet diesen Titel in der Deutschen Nationalbibliografie. Bibliografische Daten sind unter http://dnb.ddb.de verfügbar.

Dieses Fachbuch wurde nach bestem Wissen und mit größtmöglicher Sorgfalt erstellt. Im Hinblick auf das Produkthaftungsgesetz weisen Autoren und Verlag darauf hin, dass inhaltliche Fehler und Änderungen nach Drucklegung dennoch nicht auszuschließen sind. Aus diesem Grund übernehmen Verlag und Autoren keine Haftung und Gewährleistung. Alle Angaben erfolgen ohne Gewähr.

IGEL Verlag

# Inhaltsverzeichnis

| | |
|---|---|
| Tabellenverzeichnis: | V |
| Abbildungsverzeichnis: | VI |
| 1 Einleitung | 1 |
| 2 Chancen- und Marktanalyse | 3 |
|    2.1 Marktvolumen und Marktentwicklung | 3 |
|       2.1.1 Marktvolumen und Marktentwicklung für B2B Markt | 3 |
|       2.1.2 Marktvolumen und Marktentwicklung für B2C Markt | 4 |
|       2.1.3 Segmente / SGE der HillePojar-Engineering GmbH | 4 |
|       2.1.4 Portfolio Anforderungen | 5 |
|          2.1.4.1 Umsatzzahlen | 6 |
|          2.1.4.2 Beurteilung des IST Portfolios der "HillePojar-Engineering GmbH" | 7 |
|          2.1.4.3 Ziele für das SOLL Portfolio der "HillePojar-Engineering GmbH" | 8 |
|    2.2 Umfeld: Hauptfaktoren für eine erfolgreiche Geschäftstätigkeit | 8 |
|       2.2.1 Beurteilung des Umfeldes | 8 |
|       2.2.2 Maßnahmen | 9 |
|          2.2.2.1 Strategische Lücken | 9 |
|          2.2.2.2 Operative Lücke | 10 |
|    2.3 Angebots- und Konkurrenzanalyse (Stärken und Schwächen) | 11 |
|       2.3.1 Konkurrenten der "HillePojar-Engineering GmbH" auf dem deutschen Markt | 11 |
|       2.3.2 Ziele des Konkurrenten "Robowatch GmbH" | 12 |
|       2.3.3 Strategien der Konkurrenz "Robowatch GmbH" und deren Erfolg | 12 |
|       2.3.4 Stärken und Schwächen Darstellung des Konkurrenten "Robowatch GmbH" | 13 |
|       2.3.5 Motivation des Konkurrenten "Robowatch GmbH" | 14 |
|       2.3.6 Bewertung der "HillePojar-Engineering GmbH" | 15 |
|       2.3.7 Fähigkeiten und Ressourcen der "HillePojar-Engineering GmbH" | 15 |
|    2.4 Marktchancen und mögliche Marktprobleme | 16 |
|    2.5 Anwender- Testergebnisse bzw. Pilot- und Referenzanlagen | 17 |
|    2.6 Prognosen | 18 |
|       2.6.1 Problembeschreibung und Aufgabenanalyse | 18 |
|       2.6.2 Leitbild der HillePojar-Engineering | 18 |

| | |
|---|---|
| 2.6.3 Leistungsspektrum | 19 |
| 2.6.4 Stärken / Schwächen der HillePojar-Engineering | 19 |
| 2.6.5 Interne Rahmenbedingungen | 20 |
| 2.6.6 Umwelt-/ Einflussanalyse | 20 |
| **3 Das Marketing Mix** | **21** |
| 3.1 Die Produkt- und Programmpolitik | 21 |
| 3.1.1 Produktinnovation | 21 |
| 3.1.2 Produktvariation | 22 |
| 3.1.3 Programm- und sortimentspezifische Entscheidungen | 24 |
| 3.1.4 Verpackungspolitik | 25 |
| 3.1.5 Markenpolitik | 26 |
| 3.1.6 Kundendienstleistungspolitik | 27 |
| 3.1.6.1 Service Level | 28 |
| 3.1.6.2 Release Management | 28 |
| 3.1.6.3 Update Management | 29 |
| 3.1.7 Garantieleistungspolitik | 29 |
| 3.2 Die Konditionenpolitik | 31 |
| 3.2.1 Preispolitik | 31 |
| 3.2.1.1 Preisvorstellungen | 31 |
| 3.2.1.2 Preisbereitschaft | 32 |
| 3.2.1.3 Preisklassen | 32 |
| 3.2.2 Rabattpolitik | 33 |
| 3.2.2.1 Rabatte für den Einkauf der „HillePojar-Engineering GmbH" | 33 |
| 3.2.2.2 Rabatte im Verkauf der „HillePojar-Engineering GmbH" | 34 |
| 3.2.3 Lieferungs- und Zahlungsbedingungen | 34 |
| 3.2.3.1 Liefer- und Zahlungsbedingungen für Kunden | 34 |
| 3.2.3.2 Liefer- und Zahlungsbedingungen für Lieferanten | 35 |
| 3.3 Distributionspolitik | 36 |
| 3.3.1 Die Absatzkanäle | 36 |
| 3.3.1.1 Direkter Absatz | 36 |
| 3.3.1.2 Unternehmenseigene Absatzorgane | 36 |
| 3.3.1.3 Unternehmensfremde Absatzorgane | 37 |
| 3.3.2 Marketing-Logistik | 38 |
| 3.3.2.1 Außerbetriebliche Marketing-Logistik | 38 |

| | |
|---|---|
| 3.3.2.2 Transportmittel und -wege | 38 |
| 3.3.2.2.1 Transportkosten | 38 |
| 3.3.2.2.2 Transportmengeneinheiten | 39 |
| 3.3.2.2.3 Erforderlichen Transportgeschwindigkeit | 39 |
| 3.3.2.3 Lagerhaltung | 40 |
| 3.3.2.4 Standort | 40 |
| 3.3.2.4.1 Preise für Niederlassung der „HillePojar-Engineering GmbH" | 40 |
| 3.3.2.4.2 Gewünschter Servicegrad für Belieferung mit B2B und B2C Robotern | 41 |
| 3.3.2.5 Innerbetriebliche Marketing-Logistik | 41 |
| 3.4 Kommunikationspolitik | 42 |
| 3.4.1 Werbung | 42 |
| 3.4.1.1 Werbearten | 42 |
| 3.4.1.2 Werbeziele | 44 |
| 3.4.1.3 Durchführung der Werbung | 45 |
| 3.4.1.3.1 Ausarbeitung einer Werbekonzeption | 45 |
| 3.4.1.3.2 Formulierung einer Werbebotschaft | 46 |
| 3.4.1.3.3 Auswahl der Zielgruppen | 46 |
| 3.4.1.3.4 Bestimmung des Werbeetats | 47 |
| 3.4.1.3.5 Zeitliche Verteilung der Werbung | 47 |
| 3.4.1.3.6 Kontrolle des Werbeerfolges | 48 |
| 3.4.1.3.7 Vorausschau des Werbeerfolges | 49 |
| 3.4.2 Verkaufsförderung | 51 |
| 3.4.2.1 Außendienst- und Handelspromotions | 51 |
| 3.4.3 Persönlicher Verkauf | 52 |
| 3.4.3.1 Festlegung des Verkaufsbudgets | 52 |
| 3.4.3.2 Festlegung der Zahl der Mitarbeiter im Außendienst | 53 |
| 3.4.3.3 Schulung der Außendienstmitarbeiter | 54 |
| 3.4.3.4 Bildung von Verkaufsbezirken | 54 |
| **4 Fazit / Schlussbetrachtung** | **55** |
| **5 Anhang** | **57** |
| 5.1 Feasibility Studie | 57 |
| 5.1.1 Produktbeschreibung | 57 |
| 5.1.2 Technische Realisierung | 57 |

| | |
|---|---|
| 5.1.2.1 Einführung | 57 |
| 5.1.2.2 Wireless LAN | 58 |
| 5.1.2.2.1 Die mangelnde Abhörsicherheit | 58 |
| 5.1.2.2.2 Bedeutung für IT Markt | 58 |
| 5.1.2.3 Bluetooth | 59 |
| 5.1.2.4 Finger Print System | 59 |
| 5.1.2.5 GPS/Ortungsystem | 59 |
| 5.1.2.6 Spracherkennung | 59 |
| 5.1.2.7 Sensortechnik | 60 |
| 5.1.3 Grobe Markteinschätzung für Deutschland | 60 |
| 5.2 Abkürzungen | 62 |
| **6 Literatur- und Quellenverzeichnis** | **63** |

# Tabellenverzeichnis

Tabelle 1: Einbruchszahlen (2003), Verteilung auf Einwohnerzahl, [40]    4

Tabelle 2: Schätzung von Umsätzen für die „HillePojar-Engineering GmbH" für die Jahre 2005/2006    7

Tabelle 3: Stärken und Schwächen der "HillePojar-Engineering GmbH" im Vergleich mit der "Robowatch GmbH"    14

Tabelle 4: Grobes Stärken-/ Schwächenprofil der „HillePojar-Engineering GmbH" für Beurteilung von Marktchancen    19

Tabelle 5: Berechnung Einlagerungskosten für B2C Roboter    30

Tabelle 6: Lieferzeiten für Roboter der „HillePojar-Engineering GmbH" für B2C, B2B Roboter    35

Tabelle 7: Liste mit Mietkosten für Immobilie (kalt, ohne NK), Recherche in der Stuttgarter Zeitung Mai 2004    40

Tabelle 8: Marketingetat pro Jahr der „HillePojar – Engineering" für B2B und B2C (Schätzwerte)    47

Tabelle 9: Festlegung des Verkaufsbudgets der „HillePojar – Engineering" für B2B und B2C im Jahr 2005 (Schätzwerte)    53

# Abbildungsverzeichnis

Abbildung 1  IST Portfolio für B2C, B2B (Stand 2004/2005) der Firma "HillePojar - Engineering GmbH"  6

Abbildung 2  SOLL Portfolio (Stand bis ~2010) der Firma "HillePojar - Engineering GmbH"  6

Abbildung 3  Produkte der einzelnen Hersteller für Surveillance Roboter übertragen in die Erfahrungskurve  10

Abbildung 4  Schätzung für Entwicklung des Umsatzes für "HillePojar-Engineering GmbH" im Rahmen einer GAP Analyse  11

Abbildung 5  Darstellung und Stand der Konkurrenten dargestellt in der Lebenszykluskurve im Vergleich zur "HillePojar-Engineering GmbH"  16

Abbildung 6  Prognose für die wirtschaftliche Zukunft der "HillePojar-Engineering GmbH"  18

Abbildung 7  Designvorschlag für „Robo-Patrol" der "HillePojar-Engineering GmbH"  24

Abbildung 8  Verpackung der Roboter "Home Patrol" oder "Company Patrol" (reiner Schrifttext)  26

Abbildung 9  Tier Modell nach "ITIL" für Service- und Wartung in der "HillePojar-Engineering GmbH"  28

Abbildung 10 Karte Deutschland mit den Regionen für Absatz B2C und B2B Produktes „Home Patrol" der „HillePojar-Engineering GmbH"  39

Abbildung 11 Marktattraktivität für Surveillance Roboter (WIWO)  61

# 1 Einleitung

Eine Unternehmensgründung stellt hohe Anforderungen an die Unternehmensgründer. Neben der fachlichen sollte auch die persönliche Eignung kritisch überprüft werden. Der Weg von einer Geschäftsidee hin zum technisch ausgereiften Produkt ist seit der Wandlung der Märkte vom Verkäufer- hin zum Käufermarkt nicht mehr alleine ausreichend. Banken, Fördervereinigungen, potentielle Auftraggeber verlangen seit dem Ende des „freien Marktes" Sicherheiten und Nachweise über die Zukunftsfähigkeit eines Unternehmens.

Vor dem wirtschaftlichen Erfolg steht allerdings eine Anzahl an technischen und wirtschaftlichen Überlegungen. Daher sind Überlegungen zum „Businessplan", „Marketingplan" und der „Markt- und Konkurrenzanalyse" einer erfolgreichen Unternehmensgründung unverzichtbar. Eine Unternehmensgründung kann immer nur unter den persönlichen Gesichtspunkten und Lebensumständen des Unternehmensgründers betrachtet werden. Vor allem in Deutschland ist er Entschluss zur Gründung einer Unternehmung als „endgültig" anzusehen. Der Weg zurück in ein abhängiges Angestelltenverhältnis ist vor allem in Deutschland außerordentlich schwierig. Daher sollte der Schritt in die Selbständigkeit gut überlegt und vorbereitet sein.

Für eine erste grobe Analyse der Machbarkeit ist im Vorfeld der Untersuchung eine Feasibility Studie (siehe 5.1 Feasibility Studie) erstellt worden. Diese soll eine Hilfe sein bei der Frage, ob sich eine solche Unternehmensgründung lohnen kann. D.h. es werden technische Fragen geklärt, die es für einen Prototypen zu klären gilt. Ferner galt es zu klären, ob es auf einfache Art und Weise möglich ist auf dem Markt vorhandene Komponenten wie WLAN, ... in einem neuen Produkt einzusetzen. Die Ergebnisse der Feasibility Studie sind im Anhang beigefügt.

Aufbauend auf der Machbarkeitsanalyse sind anschließend in dieser Untersuchung verschiedene Analysen des Markts, der Konkurrenten und des Produktes durchgeführt worden. Sie sollen klären, ob und wie ein neues Produkte der "HillePojar-Engineering GmbH" auf dem Markt zu platzieren ist.

Details zu diesen Fragen werden im Marketingplan geklärt und sollen nach der Unternehmensgründung mit Herrn Dipl.-Ing. Pojar als Grundlage für die Vermarktung des Roboters dienen.

# 2 Chancen- und Marktanalyse

## 2.1 Marktvolumen und Marktentwicklung

Um das Marktvolumen und die Marktentwicklung für Überwachungsroboter auf dem deutschen Markt für die „HillePojar-Engineering GmbH" zu untersuchen, ist anhand einer **Portfolioanalyse** der IST Stand analysiert worden. Daraus werden Folgerungen für den SOLL Stand abgeleitet. Zunächst wird jedoch geklärt, ob es für Surveillance-Roboter (Überwachungsroboter) überhaupt einen Markt gibt oder geben kann.

### 2.1.1 Marktvolumen und Marktentwicklung für B2B Markt

"105000 Industrieroboter sind in Deutschland im Einsatz – zusammen mit Japan ist die BRD damit Weltspitze. Von diesen 105000 Industrieroboter sind nur rund 0,05% Überwachungsroboter (Stand 2003)" [12]. Neben den hohen Ausgaben für Robotersysteme investieren deutsche Unternehmen viel Geld für Sicherheitstechnik: „Rund 2500 Firmen mit mehr als 140000 Mitarbeitern setzen im Jahr knapp neun Milliarden Euro auf dem deutschen Sicherheitsmarkt um" [39]. Die hohen Ausgaben kommen nicht von ungefähr. „Die deutschen Polizeistellen haben nach Angaben des Bundeskriminalamtes (BKA) im vergangenen Jahr insgesamt 86.149 wirtschaftskriminelle Straftaten erfasst. Der Schaden belief sich auf 6,83 Milliarden Euro. Damit machte die Wirtschaftskriminalität 2003 nur 1,31 Prozent der insgesamt registrierten Delikte aus, sie verursachte aber 57,2 Prozent der Kriminalitätsschäden" [43]. Diese Zahlen für den B2B Markt stimmen positiv bezüglich der Marktchance von Überwachungsrobotern. Das Potential Überwachungsroboter ist für die Zukunft grob in „5.1.3 Grobe Markteinschätzung für Deutschland" skizziert. Der Umsatz des Konkurrenten bei Überwachungsrobotern, der „Robowatch GmbH" für das Jahr 2003 in etwa bekannt. Der Geschäftsführer Ulf Stremmel „[...] erwartet im kommenden Jahr eine Verdreifachung des Umsatzes mit dem neuen Gerät auf 9 Mio. Euro" [42]. Es ist anhand des Umsatzes erkennbar, dass es einen beträchtlichen Absatzmarkt für Surveillance Roboter auf dem deutschen Markt gibt. Da der B2C Markt erst seit Anfang 2004 bearbeitet wird sind die 9 Mio. Euro alleine auf dem B2B Markt erreicht worden. Das B2B Gerät kostet bei der „Robowatch GmbH" etwa 15500 Euro. Dies entspräche etwa 600 verkauften Geräten. Für ein neues Unternehmen wie der „HillePojar – Engineering GmbH" sind daher etwa 4-5% der Verkaufszahlen der „Robowatch GmbH" realistisch (siehe Tabelle 2 Schätzung von Umsätzen für die „HillePojar-Engineering GmbH" für die Jahre 2005/2006).

### 2.1.2 Marktvolumen und Marktentwicklung für B2C Markt

Um das Potential für den B2C Markt abzuschätzen ist die Einbruchsstatistik des BKA herangezogen worden. In Tabelle 1 ist ein kleiner Ausschnitt dargestellt.

| Erfasste Fälle | % Anteil an allen Taten | bis unter 20.000 Einwohner | 20.000 bis unter 100.000 Einwohner | 100.000 bis unter 500.000 Einwohner | 500.000 Einwohner und mehr |
|---|---|---|---|---|---|
| 123.280 | 1,9 | 28.666 | 33.577 | 25.488 | 35.532 |

*Tabelle 1 Einbruchszahlen (2003), Verteilung auf Einwohnerzahl, [40]*

Gemessen an allen Delikten sind Einbrüche mit 1,9% aller Straftaten scheinbar gering einzustufen. Jedoch ist die Absolutzahl von 123.280 sehr hoch. Hier kann zumindest mit einer unteren Verkaufszahl (worst case) von etwa 1,5 Promille gerechnet werden (siehe Tabelle 2 Schätzung von Umsätzen für die „HillePojar-Engineering GmbH" für die Jahre 2005/2006). Erst bei einer viel höheren Marktdurchdringung beim Kunden kann mit höheren Absatzzahlen gerechnet werden. Das Unternehmen „Robowatch GmbH" hat für den B2C Roboter einen Preis bekannt gegeben. „In der Grundausstattung kostet der Blechkamerad 1200 Euro" [41]. Dieser Preis wird durch die „HillePojar-Engineering GmbH" mit rund 800 Euro unterboten werden (siehe Tabelle 2).

### 2.1.3 Segmente / SGE der HillePojar-Engineering GmbH

Für das Erreichen der geplanten Umsätze müssen in einem ausgeglichenen Portfolio über eine längere Zeitspanne Produkte in allen vier Segmenten vorhanden sein. Dazu bedarf es Produkte in einem Portfolio, die wiederum entwickelt werden müssen. Bei der „HillePojar-Engineering GmbH" ist das erste Produkt am entstehen. Es wird bis Januar/Februar 2005 fertig erstellt sein. D.h. erst wenn der Markt besetzt wird, kann eine Aussage über die Zukunft weiterer Produkte getroffen werden.

Es sind verschiedene Produkte vorgesehen, um die Umsatzziele in Tabelle 2 zu erreichen. Diese werden nicht alle auf einmal entwickelt werden, sondern es findet eine sukzessive Besetzung der einzelnen Marktsegmente bis 2007 statt.

- Es sollen Roboter für den B2B Markt entwickelt werden. D.h. es steht die industrielle Anforderung im Vordergrund.
- Ferner soll es Roboter für B2C Markt geben. Dies sind einfach aufgebaute Standardprodukte.
- Roboter für das Militär und Verwaltung stellen ein Nischenprodukt mit hohem Entwicklungsaufwand dar. Hierbei liegen vor allem im militärischen Bereich spezialisierte Sonderanfertigungen vor.
- Für die Zukunft gibt es bereits visionäre Ideen für einen Roboter in Kooperation mit Sony. Dieser soll als „laufender" Überwachungs-Roboter besondere Eigenschaften in der Mobilität haben.

**2.1.4 Portfolio Anforderungen**

Der IST Stand wird ab Januar/Februar 2006 mit einem Produkt besetzt sein. Dabei handelt es sich um den Prototypen, der für den B2B Markt verwendet werden kann. Es kann dann aus den Erfahrungen mit Kunden und den Wünschen der Kunden überlegt werden wie die weiteren Produkte im Detail aussehen sollen. Bei der Dynamik des IT und Roboter Marktes ist Flexibilität unbedingt notwendig. Es soll dabei im Wesentlichen wie Abbildung 2 SOLL Portfolio (Stand bis ~2010) der Firma "HillePojar - Engineering GmbH" dargestellt ein über die vier Quadranten ausgeglichenes Portfolio entstehen.

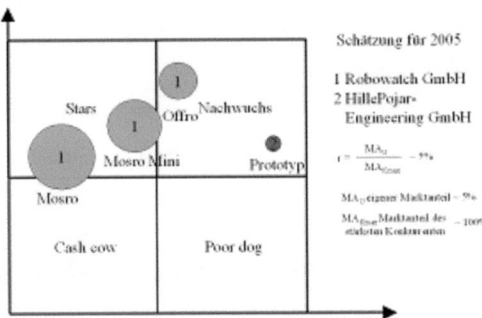

*Abbildung 1 IST Portfolio für B2C, B2B (Stand 2004/2005) der Firma "HillePojar - Engineering GmbH"*

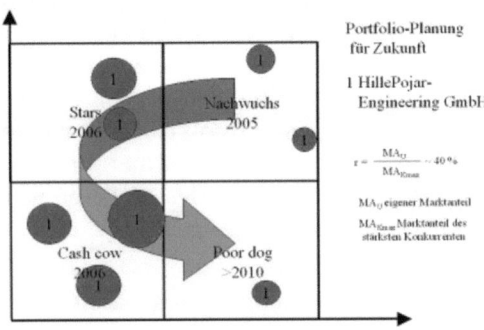

*Abbildung 2 SOLL Portfolio (Stand bis ~2010) der Firma "HillePojar - Engineering GmbH"*

### 2.1.4.1 Umsatzzahlen

Die Umsatzzahlen in Tabelle 2 ergeben sich aus dem Kapitel 2.1 Marktvolumen und Marktentwicklung und aus den Überlegungen in 2.1.3.

Das SOLL Portfolio soll die alleinige Marktherrschaft von "Robowatch GmbH" brechen. Dabei sollen bei Mosro (B2B) etwa 30%

bis 2007 und Mosro Mini (B2C) 60% bis 2007 des Marktanteils errungen werden. Dies ergibt Umsätze von:

$U_{(B2B)} = 24 \quad \times 12.500\ € = 300.000\ €$

$U_{(B2C)} = 180 \quad \times 800\ € \quad = 144.000\ €$

Tabelle 2 Schätzung von Umsätzen für die „HillePojar-Engineering GmbH" für die Jahre 2005/2006

Die Umsatzzahlen sind in die Untersuchung von Herrn Pojar [1] Kapitel 8 Finanzplan der „HillePojar-Engineering GmbH" eingeflossen.

### 2.1.4.2 Beurteilung des IST Portfolios der "HillePojar-Engineering GmbH"

Die Entwicklung der SGE kann noch nicht vorhergesehen werden (siehe [21]). Es muss noch nach potentiellen Kunden gesucht werden. Ferner muss analysiert werden wie der Markt auf die gewählte Strategie und deren Umsetzung des Marketingplans reagiert. Erst dann kann festgestellt werden, ob sich eine Änderung des IST Portfolios ergibt. Daher ergibt sich die verfolgte Strategie als Reaktion auf das IST Portfolio. Zunächst muss ein Prototyp erstellt werden (siehe Projektplan [38]): Es müssen Kooperationspartner auf nationaler Ebene gesucht werden, als auch Kunden. Des Weiteren ist es notwendig ein mindestens deckungsgleiches Angebot wie die "Robowatch GmbH" zu haben.

Zukünftig sollten folgende Schritte angegangen werden:

o Es müssen Kooperationspartner für den Bau des Gestells, des Gehäuses (Maschinenbau) auf nationaler Ebene in die „HillePojar-Engineering GmbH" integriert werden (siehe [1]).

o Es müssen Kooperationspartner, Angestellte für zukünftige Entwicklung gesucht werden.

o Es muss die Marketingstrategie umgesetzt werden und erste Marketingziele erreicht werden. Dadurch wird dem Unternehmen ein erster Bekanntheitsgrad gegeben werden.

### 2.1.4.3 Ziele für das SOLL Portfolio der "HillePojar-Engineering GmbH"

Es wird zunächst viele Einstiegsmodelle geben müssen. Das bedeutet, dass sich zahlreiche finanzielle und technische Risiken ergeben. Der heutige Stand ist zudem, dass diese Risiken in Kauf genommen werden müssen, da das Portfolio nicht ausgeglichen ist (siehe [22]). Produkte sind in der heutigen IT Welt schneller veraltet. Dem vorzubeugen ist Aufgabe der Trendforschung.

o Produkte sollen in allen Segmenten, vor allem bei Stars und Cash Cows platziert werden, siehe Abbildung 2 SOLL Portfolio (Stand bis ~2010) der Firma "HillePojar - Engineering GmbH"

o Die Weiterentwicklung wird ausgerichtet am Marktbedarf anhand von Feedback aus der Kundenkommunikation. (siehe 3.4.3 Persönlicher Verkauf)

### 2.2 Umfeld: Hauptfaktoren für eine erfolgreiche Geschäftstätigkeit

Die Prognosen für eine erfolgreiche Geschäftstätigkeit können eventuell aus der GAP Analyse oder aus der Summe der Analysen gezogen werden. Im Folgenden werden über eine **GAP-Analyse** die Marktprobleme näher untersucht. Dabei wird die erwartete Entwicklung (WIRD) der geplanten Entwicklung (SOLL) gegenübergestellt. Eine Früherkennung strategischer Probleme ist dadurch möglich.

### 2.2.1 Beurteilung des Umfeldes

Im B2B Bereich können nach eigenen Schätzungen gute Verkaufszahlen erreicht werden (siehe Tabelle 2). 24 Geräte bei einem Stückpreis zu 12.500 €. D.h. es kann dabei mit einem Umsatz von etwa 300.000 € gerechnet werden. Dabei wird im Wesentlichen auf den B2B Mittelstand auf Großunternehmen, wissenschaftliche Einrichtungen sowie militärische Einrichtungen gezielt. Im B2C ist mit einem Umsatz von bis zu 144.000 € bis 2007 zu rechnen (siehe Tabelle 2 Schätzung von Umsätzen für die „HillePojar-Engineering GmbH" für die Jahre 2005/2006). Es ist jedoch das Umfeld zu beachten. Hier ist folgendes wichtig.

- Der technologische Strukturwandel, z.B. durch die Mikroelektronik, ermöglicht neue Erzeugnisse.
- Einstellungs- und Verhaltensänderungen beeinflussen Kaufentscheidungen für Investitionsgüter.
- Produktionsprogramme geben einen bestimmten laufenden Bedarf voraus. Kapazitätsänderungen sind in der Regel für den Neubedarf ausschlaggebend.
- Die Zuverlässigkeit (Lebensdauer) vorhandener Produktionsgüter ist maßgebend für den Ersatzbedarf an Gütern des gleichen Herstellers.
- Auch ökonomische Rahmenbedingungen spiegeln sich im Investitionsverhalten der Bedarfsträger.

**2.2.2 Maßnahmen**

**2.2.2.1 Strategische Lücken**

Es geht dabei im Wesentlichen um die Erschließung eines neuen Marktes oder mehrerer Märkte. Es kann sich dabei um Massenmärkte handeln. Es sind auch Nischenmärkte von Interesse. Jedoch muss die Strategie auf die besonderen Gegebenheiten angepasst werden. Einige Überlegungen sind stichwortartig zusammengefasst.

- Es sollen Roboter für den B2C Markt, sowie Militär und Behörden entworfen werden. Für B2B sind Produkte hoher Qualität und mit USPs angestrebt.
- Suche von Vertriebspartnern, d.h. Schließen von Lücken im Portfolio anderer Anbieter von Sicherheitsprodukten (kein Exklusivrecht wird dabei eingeräumt). "Um Schwierigkeiten bei der Zusammenarbeit mit Vertriebspartnern zu vermeiden sollte schon bei der Auswahl von Vertriebspartnern darauf geachtet werden, dass ähnliche Vorstellungen hinsichtlich wesentlicher Kriterien existieren" [23].
- Aufbau eines Update Management, um die Software der Roboter periodisch durch ein Update zu verbessern. Dadurch wird eine "Verbesserte Kundenzufriedenheit durch die Gewährleistung bestmöglicher (messbarer) Servicequalität" gewährleistet [24]. Für

Hardware ist zu überlegen, ob es möglich ist, Komponenten gezielt nach Tauglichkeit zu tauschen.
- o Weiterentwicklung zusammen mit laufenden Roboter (Sony). D.h. potentieller Markt sind B2B (Großunternehmen) als auch Militär und Behörden.
- o Senkung der Kosten. D.h. Steigerung der Attraktivität vor allem im B2C. Die Kosten für die Herstellung und Entwicklung werden mittel- bis langfristig über die Erfahrungskurve gesenkt.

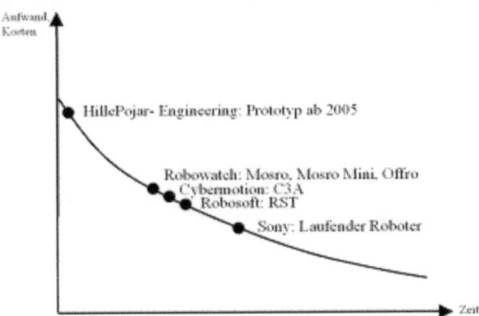

*Abbildung 3 Produkte der einzelnen Hersteller für Surveillance Roboter übertragen in die Erfahrungskurve*

- o Die Produkte sind erweiterbar und updatefähig. D.h. die Software als auch die Hardwarekomponente sind updatefähig. Dadurch erfolgt die Schaffung eines permanenten Flows an Produkten wie Software, Dienstleistungen. Hardware an dieser Stelle aufzuzählen macht wenig Sinn, da hier Standardkomponenten verwendet werden, die käuflich sind. Es findet keine Eigenentwicklung bei Hardwarekomponenten statt.

### 2.2.2.2 Operative Lücke

Um die operative Lücke zu schließen, ist es notwendig, zu den gegebenen strategischen Überlegungen passende, unkonventionelle Vorgehensweisen festzulegen. Einige Stichworte sind im Folgenden aufgezählt und in den Kapiteln 3.4.1 Werbung vertieft.

- o Für den B2B Markt, das Militär und Behörden können B2B Portale, Messen, Direktmarketing (bei Militär und Verwaltung), eigene

Webseiten, Leasing, sowie Verkauf von Updates an Software, Werbung in Informationsportalen wie TAF (TechArtikel Finder) zur Werbung bereitgestellt werden.

- o Für den B2C Segment können Seiten auf gmx, MSN, hotmail, Einträge in google, yahoo, eShops, eBay (durch uns vertriebene Roboter) freigeschaltet werden. Ferner können Prototypen oder Modelle auf Fachausstellungen (z.B. in Fellbach Häuserausstellung) gezeigt werden. Es ist ferner möglich in Fachzeitschriften wie „Living at Home", „das Haus" zu inserieren. Weiter ist es möglich Geräte für Betreiber von Parkhäusern zur Verfügung zu stellen oder Kaufhäusern Geräte kostenlos zur Verfügung zu stellen.

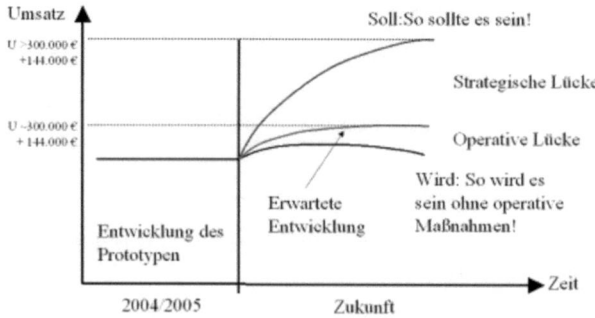

*Abbildung 4 Schätzung für Entwicklung des Umsatzes für "HillePojar-Engineering GmbH" im Rahmen einer GAP Analyse*

## 2.3 Angebots- und Konkurrenzanalyse (Stärken und Schwächen)

Zunächst wird anhand der in Deutschland vorhanden Konkurrenten eine **Konkurrenzanalyse** durchgeführt. Dabei werden die folgenden Fragen geklärt:

### 2.3.1 Konkurrenten der "HillePojar-Engineering GmbH" auf dem deutschen Markt

Bei dem Einstieg des Unternehmens „HillePojar – Engineering GmbH" sind zunächst nationale Konkurrenten berücksichtigt. Dabei ist der eigentliche Konkurrent auf dem deutschen Markt die „Robowatch GmbH". Die „Robert Bosch GmbH" hat zwar den Vertrieb übernommen - ohne ein Exklusivrecht zu besitzen. Bosch übernimmt die Rolle weitere Kanäle für den Vertrieb zu öffnen [25]. Es findet jedoch bei Bosch keine eigene Entwicklung statt. Dabei sind die in [23] beschriebenen Überlegungen beachtet worden.

### 2.3.2 Ziele des Konkurrenten "Robowatch GmbH"

Bei der „Robowatch GmbH" sind für den deutschen Markt drei wesentliche Ziele festzustellen.

- o Es geht „Robowatch" um die Besetzung des B2C Marktes. Es sind seit Anfang/Mitte 2004 Anzeigen zu finden, welche auf den "Mosro Mini" hinweisen (siehe "Das Haus", Ausgabe 05/2004, S.42, [26]).
- o Robowatch hat sich auf die Suche eines Vertriebspartners im B2B und B2C Bereich als Türöffner für weitere, potentielle Käufer begeben. Hier haben die „Robert Bosch GmbH" und die „Relations" den Vertrieb übernommen.
- o Mit der „Robert Bosch GmbH" ist auch eine internationale Ausrichtung denkbar. Denn Bosch besitzt zahlreiche Niederlassungen in verschiedenen Ländern wie auch dem Nordamerikanischen Markt. Für den deutschen Markt stehen Vertriebspartner wie „Relations" schon seit längerem als Kooperationspartner zu Verfügung.

### 2.3.3 Strategien der Konkurrenz "Robowatch GmbH" und deren Erfolg

Die „Robowatch GmbH" betreibt schon seit ihrer Gründung gezielt den Aufbau von Netzwerken zu Unternehmen, die mit ihrem Namen den Vertrieb übernehmen können (siehe 2.3.2 Ziele des Konkurrenten "Robowatch GmbH", Punkt 3).

Das Marketing wird bei der „Robowatch GmbH" groß geschrieben. Daher gibt es zahlreiche Ideen das Produkt bekannt zu machen.

- o Es werden die wichtigen Messen besucht, es gibt Ausstellungen, die mit eindrucksvollen Vorführungen ausgestaltet werden

- o Es werden Referenzanlagen in Berichten der einschlägigen Presse wie der Wirtschaftswoche genannt (siehe Nennung von BASF). Auf den Internetseiten werden ebenfalls Referenzanlagen vorgestellt.
- o Zeitschriften wie "Wirtschaftswoche" [6] oder "Das Haus" [26] berichten über einzelne Produkte der „Robowatch GmbH".
- o Die Webseiten sind gut aufgebaut. D.h. sie sind nicht überladen mit Flashes. Der Aufbau ist strukturiert und die Informationen zu den Produkten sind leicht zu finden.

Wie im Kapitel 2.3.2 gezeigt wurde sind bereits Partner für den Vertrieb gefunden worden. Dazu werden Kontakte von Messen und aus der Entwicklung genutzt

- o Die „Bosch GmbH" steht für einen Einstieg in größere B2B und B2C Geschäfte als auch für eine internationale Ausrichtung. Die „Robowatch GmbH" arbeitet seit Jahren an einem für den SGE Sicherheitstechnik von „Bosch GmbH" interessanten Produkt. Aus strategischen Erwägungen wurde einen Einigung über einen Kooperation erzielt.
- o Für den deutschen Markt ist der Vertriebspartner „Relations GmbH" gewonnen worden. Dieser ist mit zahlreichen anderen Produkten bekannt geworden und daher nützlich auf die „Robowatch GmbH" aufmerksam zu machen.
- o Der USP ist am Produkt erkennbar, während die einzelnen Komponenten für sich genommen auf dem Markt frei verfügbare und kostengünstige Komponenten sind. D.h. mit relativ einfachen Ideen und Hilfsmitteln wird ein neuer Markt erschlossen.

**2.3.4 Stärken und Schwächen Darstellung des Konkurrenten "Robowatch GmbH"**

Im Folgenden sind die Stärken und Schwächen der „Robowatch GmbH" zusammengestellt.

| Stärken | Schwächen |
|---|---|
| 5 Jahre Vorsprung im Bereich Roboterentwicklung und -Vertrieb | Schwäche im Marketing. Es existiert kein Marketingpartner und Anzeigen sind bis 2004 eher sporadisch zu finden |
| Pionier auf dem Markt, der bisher als Nischenmarkt angesehen wurde | Anbieter in einem Einzelbereich der Robotik (keine Service Roboter o.ä. im Portfolio) |
| Es existiert eine Referenzliste mit Abnehmern von Robotern. | „Robowatch" bietet keine weiteren Produkte aus Sicherheitstechnik oder Dienstleistungen an. |
| Internationale Ausrichtung über Bosch ist möglich. | „Bosch" diktiert Preise und es besteht die Gefahr einer Konkurrenz. |
| Die Bekanntheit der Robowatch GmbH steigt durch den Partner Bosch | Entwicklung und Produktion sind teuer, da sich diese in Europa befinden |
| Es gibt Ansprechpartner in der Industrie, die Produkte von Robowatch weiterempfehlen oder für neue Projekte zu gewinnen sind. | Deutscher Markt ist für Roboter im B2C Bereich eher schlecht. Vorbehalte gegen Technik sind hoch. |
|  | „Robowatch" ist regional in Berlin angesiedelt. |
|  | Keine abgeschlossenen Geschäft mit Militär und Behörden |
|  | Es gibt keine bekannten Kooperationen mit anderen Technologieunternehmen. |

*Tabelle 3 Stärken und Schwächen der "HillePojar-Engineering GmbH" im Vergleich mit der "Robowatch GmbH"*

## 2.3.5 Motivation des Konkurrenten "Robowatch GmbH"

Es hat bei der „Robowatch GmbH" eine schnelle Umsetzung der strategischen Ziele stattgefunden (5 Jahre seit Unternehmensgründung). Damit können andere Konkurrenten in dieser Zeit nicht den Markt belegen. Ferner sind größere Margen an Robotern für die „Robowatch GmbH" erreichbar, falls ausschließlich die „Robowatch GmbH" auf dem Markt ist (Monopolstellung). Das „Timing" der Produkteinführung überzeugen und sind schnell umgesetzt worden.

Ferner sind die wichtigsten strategischen Marktsegmente besetzt worden.

- Entweder alleine ohne die Hilfe anderer Unternehmen oder Händler (bisheriges Vorgehen auf dem B2B Markt bis 2004 ohne Kooperation mit Bosch)
- Angestrebt wurde jedoch die Kooperation mit nützlichen Partnern wie der „Bosch GmbH" oder „Relations GmbH".

### 2.3.6 Bewertung der "HillePojar-Engineering GmbH"

Die "HillePojar-Engineering GmbH" steht am Anfang ihrer Entwicklung. Das bedeutet, dass zuerst der formelle Weg der Unternehmensgründung durchgeführt werden muss. Es gibt kein Produkt im Portfolio bis etwa Dezember 2004 / Januar 2005. Erst dann kann mit einem Prototyp gerechnet werden. Eventuell kann es für die Produktion von Serien eine günstige Produktionsstätte in Deutschland geben. Dies hat den Vorteil schnellere und preiswertere Transportwege zum Kunden hin zu haben.

Für die Entwicklung gibt es noch kein Entwicklungsteam. Der Prototyp soll mit einem kleinen Entwicklungsteam entwickelt werden. Dadurch werden Kosten gerade in der riskanten Anfangsphase gespart.

Bisher gab es noch keine Marketingmaßnahmen für das Produkt. D.h. es besteht keine Nachfrage seitens potentieller Kunden. Auf der anderen Seite konnten bisher Kosten gespart werden, welche erst getätigt werden, wenn die Randbedingungen der Finanzierung geklärt sind. Ferner gibt es noch keine Partner für den Vertrieb.

Für die einzelnen Planungsschritte fehlt es an Geldgebern.

### 2.3.7 Fähigkeiten und Ressourcen der "HillePojar-Engineering GmbH"

Die wichtigsten Teilbereiche für die Entwicklung des Prototyps werden abgedeckt. Herr Dipl.-Ing. Pojar ist zuständig für Fragen im Bereich Maschinenbau und Herr Dipl.-Ing. Hille ist verantwortlich für Themen aus der Hardware-/Software-Technik.

Flexibilität bei der Planung und Umsetzung der Pläne steht an vorderster Stelle. Dies kann durch die jahrelang zurückreichenden Erfahrungen von Herrn Pojar und Herrn Hille gewährleistet werden.

Es wird eine schnelle Entwicklung und schneller Vertrieb des Produktes < 1,5 Jahre geplant (siehe Abbildung 5 Darstellung und Stand der Konkurrenten dargestellt in der Lebenszykluskurve).

Es gibt für die Zukunft weitere Visionen und konkrete Pläne (siehe Abbildung 5 Darstellung und Stand der Konkurrenten dargestellt in der Lebenszykluskurve)

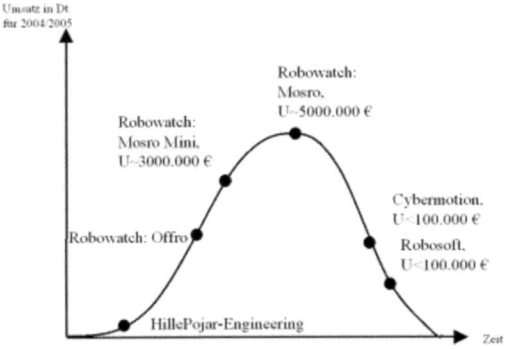

*Abbildung 5 Darstellung und Stand der Konkurrenten dargestellt in der Lebenszykluskurve im Vergleich zur "HillePojar-Engineering GmbH"*

## 2.4 Marktchancen und mögliche Marktprobleme

Auswertung der bisherigen Probleme (IST) Zustand. Bei der Entwicklung der einzelnen Komponenten ist eine hohe Dynamik auf dem Markt zu beobachten. D.h. die verwendeten Sensoren, Embedded Systems und die Software unterliegen einem sehr raschen Alterungsprozess. Nach 2 Jahren ist somit nicht nur ein Produkt verwaltet. Es ist dann in der Regel nicht mehr zu verfügbar.

Auf der anderen Seite ist dies jedoch als Chance anzusehen in einen Markt einzusteigen. Denn auch die Konkurrenz leidet unter dem hohen Innovationsdruck und ist gezwungen neue Produkte auf den Weg zu bringen.

„Service Roboter" und „Surveillance Roboter" werden nur von wenigen regionalen Unternehmen vertrieben. Es fehlt hier bei vielen Unternehmen an Erfahrung, die in anderen Branchen weit gestreut ist. D.h. aber auch es kann schwierig sein geeignetes Personal für Vertrieb, Entwicklung und Integration von Embedded Systems zu finden.

Es gibt zudem Marktprobleme, die es „Start Ups" in der jetzigen wirtschaftlichen Lage schwierig machen können. Viele Bürger in Deutschland verstehen noch nicht die Bedeutung des Themas Sicherheit. Gerade in den angelsächsischen Ländern ist das Thema Sicherheit im Gegensatz zu Deutschland häufig im Mittelpunkt. D.h. in Deutschland muss mit großem Aufwand über dieses Thema aufgeklärt werden.

## 2.5 Anwender- Testergebnisse bzw. Pilot- und Referenzanlagen

Der derzeitige Ausgangspunkt ist, dass es bisher keine Referenzanlagen gibt. Jedoch können drei Lösungsansätze verwendet werden, um die erfolgreiche Funktionsfähigkeit unter Beweis zu stellen.

Einmal muss mit Hilfe der Marketingplans erreicht werden, dass der Prototyp noch vor Ende 2004 einen oder mehreren Kunden findet. Diese Kunden können als Referenzen herangezogen werden.

Werbung ist derart auf der Internetseite zu verwenden, dass verfügbare Filme, Bilder oder Texte zu den Produkten der „HillePojar-Engineering GmbH" wie echte Referenzen vorkommen und daher überzeugen. Diese bewusst „persuasive" Vorgehensweise sollte vor allem in der Anfangsphase der Firmengründung verwendet werden.

Es werden einige wenige Geräte kostenlos verliehen oder ältere, gute Modelle verschenkt. Das Unternehmen wird dann auf der Referenzliste geführt. Typischerweise werden Unter5nehme aus für die Kundensicht interessanten Zielgruppen gewählt. So sind für Mittelständler zum Beispiel Bank wie die Sparkasse von Interesse. Hier lassen sich B2B Roboter gut vorführen. Für Konsumenten sind Unternehmen wie Aldi oder IKEA als bekannte Vertreter bekannt. Hier kann auf bekannten Namen das eigene Produkt vertrieben werden (sowohl B2B als auch B2C).

## 2.6 Prognosen

Die Entwicklung des Marktes für die Zukunft vorherzusagen ist recht schwierig. Dies hängt nicht zuletzt damit zusammen, dass die Robotertechnik stark von verschiedenen Branchen wie IT Technologie, Maschinenbau, Sensor-/Chip-Technik abhängt. Auf alle Fälle lohnt eine Analyse mittels **Szenario-Technik** um eine Vorhersage vorzunehmen.

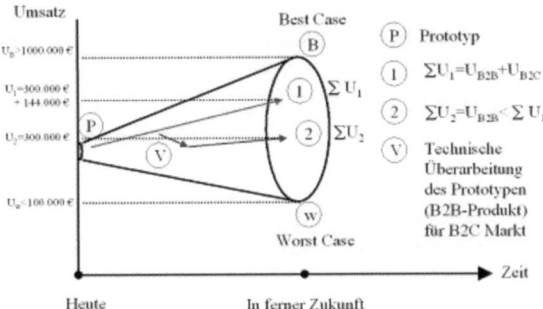

*Abbildung 6 Prognose für die wirtschaftliche Zukunft der "HillePojar-Engineering GmbH"*

### 2.6.1 Problembeschreibung und Aufgabenanalyse

Die Probleme, die sich für die "HillePojar-Engineering GmbH" ergeben sind bereits in 1 Einleitung, 2.1 Marktvolumen und Marktentwicklung und später in 5.1.1 Produktbeschreibung beschrieben worden. Es sind ebenso Lösungsansätze für das Marketing (siehe [22], [23], [25]) erarbeitet worden, um als zweiter Anbieter des B2C und B2B Marktes auftreten zu können.

### 2.6.2 Leitbild der HillePojar-Engineering

Die „HillePojar-Engineering GmbH" soll innovative Produkte (siehe [21]) planen und für den Markt vorbereiten.

Es ist für ein Unternehmen absolut notwendig flexibel auf Marktgeschehen zu reagieren (siehe [22]). Es sind ferner Trends für die Zukunft aus der Beobachtung anderer Unternehmen und des Konsumverhaltens zu erkennen.

Es ist wichtig kostengünstig in Entwicklung, Produktion und beim Vertrieb von Produkten zu sein.

Trotz Preisdruck in der Hochtechnologiebranche ist der Vertrieb qualitativer Produkte für das Überleben der „HillePojar-Engineering GmbH" notwendig.

### 2.6.3 Leistungsspektrum

Es werden kostengünstige und dennoch qualitativ hochwertige Bewachungsroboter für den B2C Markt hergestellt und vertrieben. Für den B2B Markt, sowie für das Militär und für Behörden werden Sonderwünsche umgesetzt. Das Militär und Behörden sind stark geprägt von ausgefallenen Individualwünschen. Hier ist eine Umsetzung in Projekten möglich. Denn es handelt sich um Spezialprodukte für Militär und Behörden.

Neben den reinen Robotern soll auch der Dienstleistungsbereich ausgebaut werden. Hier ist eine interessante Komponente der Aufbau einer Infrastruktur über welche Softwareupdates an Kunden kostenpflichtig weitergegeben wird. Support und Instandhaltung sollen ebenfalls zu diesem Dienstleistungsangebot gehören. Die Vermittlung von Personal für verschiedene Fragen der Sicherheitstechnik und Vertrieb/Leasing von Technik für Sicherheit ist ebenfalls für die Zukunft geplant.

### 2.6.4 Stärken / Schwächen der HillePojar-Engineering

Die „HillePojar-Engineering GmbH" ist durch folgenden Stärken-/Schwächenprofil grob charakterisiert.

| Stärken | Schwächen |
|---|---|
| Innovativ: Zweiter Anbieter auf deutschem Markt. Entwicklung schneller als bei Konkurrent | „HillePojar-Engineering GmbH" ist unbekannt |
| Volle Dienstleistungspalette durch Vermittlung von Dienstleistungen/Personal und Produkten rund um das Thema Sicherheit | 8 Monate noch bis zur Einführung des Prototypen |
|  | Günstige Produktion in Deutschland möglich |

*Tabelle 4 Grobes Stärken-/ Schwächenprofil der „HillePojar-Engineering GmbH" für Beurteilung von Marktchancen*

### 2.6.5 Interne Rahmenbedingungen

Es wird zwei Geschäftsführer geben, die das volle Vertretungsrecht für die „HillePojar-Engineering GmbH" haben werden. Dadurch ist eine Aufteilung der SGE und bessere Steuerung bei den zahlreichen Aufgaben im Zusammenhang der Unternehmensgründung möglich. Denn Erfahrung in Technik und Wirtschaft sind vorhanden (siehe 2.3.7 Fähigkeiten und Ressourcen der "HillePojar-Engineering GmbH")

### 2.6.6 Umwelt-/ Einflussanalyse

Die Akzeptanz in der Gesellschaft für technologischen Fortschritt und im Besonderen für Robotertechnik ist als eher gering zu bewerten. Im Gegensatz zu Japan und den USA ist hierzulande eine Verwendung neuer Technologien vor allem im industriellen Bereich festzustellen.

# 3 Das Marketing Mix

## 3.1 Die Produkt- und Programmpolitik

### 3.1.1 Produktinnovation

Es geht darum den deutschen Markt als zweiter Anbieter mit einem Produkt zu erschließen. Dabei handelt es sich in einem ersten Schritt um einen Überwachungsroboter wie er in "5.1 Feasibility Studie" beschrieben worden ist.

Es ist zunächst ein einzelnes Produkt zur Marktreife vorzubereiten. Dabei sollen niedrige Entwicklungskosten und Produktionskosten zwecks Konkurrenzfähigkeit am Standort Deutschland im Vordergrund stehen. Für den Prototypen werden schätzungsweise knapp 50000 € Entwicklungskosten eingeplant. Bei den Produktionskosten belaufen sich die Kosten, die im Wesentlichen aus Materialkosten für 3000€ und Herstellkosten zu 5000€ belaufen auf etwa 8000€ (siehe [1]). Für den Prototypen und den weiteren daraus resultierenden Robotern soll eine Verwendung von bereits entwickelten Komponenten wie sie in der Industrie gebräuchlich sind, stattfinden, um später weitere Entwicklungen zu ermöglichen (5.1 Feasibility Studie ). Neben der Entwicklung stehen umfangreiche Dienstleistungsangebote für die Kunden bereit.

Es soll das Leasing von Überwachungsrobotern für Unternehmen ermöglicht werden, um Kontaktängste aus der Welt zu schaffen.

Es sind verschiedene Kooperationen mit Unternehmen, welche Sicherheitsdienste wie Personen-, Objektschutz anbieten, geplant. Dadurch soll das Portfolio möglichst rasch abgerundet werden. Kontaktaufnahme mit Firma "ELV" hat stattgefunden. Eine Antwort steht noch aus.

Neben den konkreten Plänen gibt es ferner die Vision laufende Überwachungsroboter in Kooperation mit Sony zu entwickeln. Denn Sony hat bereits einen laufenden „Unterhaltungs-" Roboter entwickelt.

Da bereits von Unternehmen "Robowatch GmbH" ein ähnliches Produkt angeboten wird, handelt es sich im eigentlichen Sinn um eine Produktdifferenzierung. Dies stellt insofern kein Problem dar, da der Markt von anderem Unternehmen im vollen Umfang noch nicht ausgeschöpft wird.

### 3.1.2 Produktvariation

Die Entwicklung von Robotern durch die „HillePojar-Engineering GmbH" steht in Deutschland ohne eine zahlenmäßige Anzahl an Konkurrenten da. Es sind lediglich Vorgaben der „Robowatch GmbH" in die Überlegungen einzubeziehen. Als Material kann ein einfaches Kunststoffgehäuse (mit Metallgitter zur Stabilität und EMV Schutz) mit einfachem Design dienen. Überlegungen zur EMV werden dabei beachtet (siehe [16]). Die Elektronik im Gehäuse soll sichtbar sein. Dies soll die saubere Verarbeitung unterstreichen. Die Funktion des Roboters besteht in der Überwachung von Gebäuden. Details sind im Lastenheft zu finden. Dieses wird noch für den Prototyp erstellt. Es werden jedoch die folgenden Punkte betrachtet:

Es gibt eine automatische Ladefunktion des Akkus. D.h. der Roboter fährt nach etwa "15 Stunden" ([7]) selbständig eine Ladestation an, falls dies notwendig ist (siehe [7], [20])

Das Herzstück für die Steuerung der Sensoren und Ausführung von logischen Operationen ist das Embedded System des Roboters. Die Software wird in der objektorientierten Sprache "Java" (siehe [11]) entwickelt. Dabei stehen höchste qualitative Ansprüche bei der Sicherheit der Software (siehe [10]) im Vordergrund. Updates und Auslieferung neuer Release erfolgen nach den von ITIL vorgegebenen Leitfaden (siehe [24]).

Es findet eine Überwachung eines vorgegebenen, vom Anwender programmierten Weges statt. Dazu soll der Roboter mittels eines neuronalen Netzes „lernfähig" werden.

Es existiert eine Suchfunktion zur Überwachung eines innerhalb von GPS Koordinaten vorgegebenen Weges (siehe [7]). Der Roboter ist für die Aufnahme von Informationen mit einer CCD- Kamera, „[...] einer Richtantenne, einem Infrarot-Sensor und weiteren akustischen und optischen Sensoren ausgestattet." [9]

Radarsensoren, Ultraschallsensoren, Bewegungssensoren und Drucksensoren in den Sicherheitsrobotern erkennen ungewöhnliche Bewegungen, Gas, Rauch, Schall und Personen und helfen damit dem Wachpersonal beim Schutz der Firmengebäude vor Diebstahl,

Feuer oder ähnlichen Gefahren. "Zu den optischen Sensoren gehören Laserradar, Infrarotlicht [...]" [3]. Es können ebenso Sensoren zu Bestimmung der Radioaktivität eingesetzt werden. Im Außenbereich können diese Funktionen durch Thermokameras ergänzt. Bei Vorschlägen von Kunden ist individuell eine Analyse der zukünftigen Aufgaben des Roboters durchzuführen (siehe auch 5.1.2 Technische Realisierung ).

Es können Benachrichtigungen (siehe auch 5.1.2 Technische Realisierung ). Übermittelt werden. Bei der Übermittlung von Daten werden Sicherheitskonzepte wie sie in [17], [18] vorgestellt werden, eingehalten. Für die Übermittlung können SMS, Anruf und Ansage über GSM, GPRS und UMTS Modul sowie eine Bilddarstellung auf Wunsch und bei Gefahr über GPRS, UMTS und WLAN angeboten werden.

Auf Personen kann entsprechend reagiert werden. Dazu gibt es die Möglichkeit der direkten Ansprache und Verarbeitung über definierte Funktionen. Es kann auch eine Verbindung mit einem Kontrolleur über GSM, GPRS, UMTS oder Voice over IP aufgebaut werden.

In der Zukunft werden zusätzliche Funktionen des/der Roboter(s) angeboten werden. Dazu zählen:

Das Überprüfen von Türen, ob diese abgeschlossen oder offen sind wird durch den Roboter ausgeführt.

Eine Überprüfung von Fenstern, ob diese zerbrochen sind, wird ebenfalls durch den Roboter ausgeführt.

Bei allen neuen und interessanten Funktionen darf die Qualität des Produktes nicht aus dem Auge verloren werden. Es werden zahlreiche Standardkomponenten verwendet. Das Gesamtprodukt ist in diesem Sinne jedoch nicht ausschließlich als Summe dieser Einzelkomponenten zu beurteilen. Ein weiteres Qualitätsmerkmal liegt in der Integration und Vernetzung von Komponenten (z.B. über WLAN, Voice over IP, ...). Hier gibt es ein höheres Potential, welches derzeit von der Konkurrenz nicht genutzt wird.

Bei der äußeren Gestaltung der Roboter soll ein einfaches Design mit Sicht auf die Elektronik gewählt werden. Das Gehäuse ist zylinderförmig und eher schlicht gehalten. Das derzeit aktuelle Produkt orientiert sich am ehesten an den Vorstellungen aus "Krieg der

Sterne" [15] der 70iger, 80iger Jahre. Kunden sind dieses Design aus zahlreichen Spielfilmen gewohnt.

*Abbildung 7 Designvorschlag für „Robo-Patrol" der "HillePojar-Engineering GmbH"*

Die Verpackung des Gerätes soll gut sein. D.h. der Roboter darf beim Transport nicht zu Schaden kommen. Ferner soll die Verpackung optisch ansprechend sein. Es ist eine interessante, gut sichtbare Aufschrift "HillePojar-Engineering GmbH" auf die Verpackung aufzudrucken. Für die Verpackung ist der Rat eines Designers einzuholen. Dies erfolgt Dezember 2004.

### 3.1.3 Programm- und sortimentspezifische Entscheidungen

Für den Einstieg in den Markt erscheint es am zweckmäßigsten nicht auf eine große Zahl von Produkten abzuzielen. Eine Entwicklung in die "Breite" verursacht größere Entwicklungskosten und die Risiken, die daraus entstehen sind im ersten Schritt nicht kalkulierbar.

Vielmehr soll zunächst eine Entwicklung in die Tiefe erfolgen. Dies bedeutet, dass das Unternehmen zwar als Technologieunternehmen mit dem Produkt auf dem Markt auftritt. Ferner wird es jedoch weitere Produkte im Softwaresektor und Dienstleistungsbereich geben, welche das Portfolio abrunden. Dadurch sollen Kunden langfristig gebunden werden.

Geplant ist von vornherein den B2B Markt als auch den B2C Markt zu bedienen. D.h. es wird für beide großen Segmente jeweils einen Roboter geben. Der B2B Roboter wird im Wesentlichen der

Prototyp sein, wobei individuelle Kundenwünsche je nach Auftrag in Betracht gezogen werden müssen. Insofern handelt es sich hier bei den Aufträgen um Projekte. Daneben wird es einen B2C Roboter geben. Dieser ist für das gesamte Segment einheitlich gebaut. Er hat für den gesamten Markt eine einheitliche Ausstattung an Hardware und Software. Die gängigsten Anforderungen sind hierbei im Vorfeld der Entwicklung zu ermitteln und dann ist der Prototyp entsprechend für den B2C Markt anzupassen. Eine erste Analyse erlaubt die Zeitschrift "Das Haus" [26]. Neben diesen beiden großen Märkten soll auch das Militär bzw. Verwaltungseinrichtungen mit Robotern versorgt werden. Eine Entwicklung in diesem Segment ist ebenfalls individuell. D.h. für die Ausstattung von Robotern für Kernkraftwerke sind besondere Anforderungen zu erfüllen wie eine Mantelung als Strahlenschutz sowie spezielle Sensoren, welche Radioaktivität messen können.

Die Kundenwünsche werden im Gespräch mit Kunden als auch potentiellen Kunden ermittelt. Es werden auch eigenen Ideen in das Gespräch eingebunden wie z.B.

Die Mobilität soll verbessert werden. Dies kann durch einen gehenden Roboter erzielt werden (Vision einer Kooperation mit Sony).

Ergonomische Betrachtungen bei der mitgelieferten Steuersoftware sollen beachtet werden. Dadurch kann eine höhere Kundenbindung erzielt werden.

Das Design des Gehäuses soll robust sein Gehäuse. Die Qualität und der Preis bringen dem Kunden einen Mehrwert.

Es soll Schnittstellen zu Produkten von „Robowatch GmbH" geben. WLAN-Software zur drahtlosen Steuerung der Roboter wird später entwickelt und zur Verfügung gestellt.

### 3.1.4 Verpackungspolitik

Für die Verpackungspolitik müssen im Wesentlichen drei Kriterien berücksichtigt werden. Erstens sind Transport- und dimensionierungsbezogene Prinzipien zu beachten. Bei dem Überwachungsroboter handelt es sich um ein Produkt für den industriellen und Konsum Bereich. Dieses wird unter anderem in Kaufhäusern o.ä. angeboten. Daher hat die Verpackung neben der Schutzfunktion auch Wettbewerbsfunktion. Es wird auf der Verpackung der Namen des Unternehmens ("HillePojar-Engineering GmbH") als auch der Name des Robotertyps vermerkt. Die Aufgabe eine optisch ansprechende, positiv wirkende Aufmachung zu gestalten wird von einem Designer übernommen (Kontaktaufnahme im Dezember 2004). Die Schutzfunktion der Verpackung soll aber auch die volle Funktion des Roboters nach seinem Transport zum Zielort gewährleisten, um von der Technik einen ersten, guten Eindruck zu hinterlassen. Die Dimension spielt bei der Verpackung eine eher untergeordnete Rolle. Sie muss jedoch auch eine sichere Einlagerung der Roboter ermöglichen.

Zweitens sind verkaufsfördernde Prinzipien zu beachten. Der Überwachungsroboter soll durch seine außergewöhnlichen Eigenschaften Kunden gewinnen.

Drittens sind Prinzipien der Qualitätsgestaltung einzubeziehen. Bei der Verpackung liegt ein reiner, einmaliger Gebrauch für den Versand der Ware vor. Die Verpackung erfüllt somit keine sozialen oder ästhetischen Funktionen. Daher kann auf einen solchen Mehrwert verzichtet werden.

*Abbildung 8 Verpackung der Roboter "Home Patrol" oder "Company Patrol" (reiner Schrifttext)*

### 3.1.5 Markenpolitik

Gegenstand der Markenpolitik ist das Herausstellen eines Produktes aus einer großen Menge konkurrierender Produkte durch einen Markennamen oder ein Markenzeichen. Daher sind einige Dinge bei der Wahl von Namen o.ä. beachtet worden.

Der Name des Unternehmens ist bewusst "HillePojar-Engineering GmbH" in Anlehnung an "HP". Die Initialen lassen sich gut merken, da diese identisch zu HP sind. Eine Verletzung des Markenrechts liegt jedoch nicht vor.

Die Domänennamen für den Auftritt soll sich der (potentielle) Kunde leicht merken können. Aus diesem Grund werden auch mehrere Domänen Namen verwendet, die miteinander fest verlinkt sind. Es sind bereits für den ersten Auftritt der Domänenname "HP-Engineering.de" belegt worden. Es folgen noch bis Ende 2004 "HillePojar-Engineering.com" und "HillePojar-Engineering.de".

Die Namen der Roboter werden nach dem Funktionszweck vergeben, den sie erfüllen.

Das erste B2C Produkt soll "House Patrol" genannt werden.

Für den B2B Markt sind zwar individuelle Projekte vorgesehen. Jedoch soll die Namensgebung jedoch auf einen Namen zurückgehen, der einheitlich für alle Produkte dieses Segmentes ist und zwar "Company Patrol". Zusätzlich wird noch eine Projektnummer vergeben, so dass sich z.B. ein Name wie "Company Patrol 3.5" ergibt. Die Projektnummer wird jedoch im Wesentlichen für interne Belange verwendet oder für Fachgespräche, um die Unterschiede der einzelnen B2B Roboter aufzuzeigen.

Im militärischen Bereich bzw. bei Verwaltungen wird eine individuelle Namensgebung verwendet, die jedoch die Gemeinsamkeit hat, dass diese den Begriff "Patrol" verwendet. So heißt ein Roboter für die Überwachung von Kernkraftwerken: "Nuclear Power Patrol". Zusätzlich wird wie für B2B Produkte eine Projektnummer für interne Zwecke vergeben.

### 3.1.6 Kundendienstleistungspolitik

Es ist zwischen technischem und kaufmännischem Kundendienst zu unterscheiden. Der technische Kundendienst erstreckt sich auf die Gewährleistung oder Wiederherstellung der einwandfreien und kostengünstigen Funktion des Produktes. Dabei sollen folgende Punkte in Anlehnung von den Vorgaben in ITIL [24] umgesetzt werden.

### 3.1.6.1 Service Level

Es wird der in ITIL (siehe [24]) übliche 3 Tier Support angeboten Der dazugehörige "Service Desk ist die zentrale Anlaufstelle" [24]. Dieser gliedert sich wie folgt.

Tier: Hier findet eine Aufnahme der Problemschilderung durch eigens dafür geschulte Mitarbeiter statt. Es wird das Problem auf den Kern reduziert und aus einer Reihe bekannter Probleme gefiltert und anschließend an den 2. Tier weitergeleitet.

Tier: Hier findet zunächst ein Problem Management durch kostengünstige Fernwartung des Gerätes über das Internet statt. "Das Ziel des Problem Managements ist das Vorbeugen und Reduzieren von Störungen sowie die schnelle und wirksame Lösung von Problemen" (siehe [2]).

Tier: Falls der 2. Tier keine Lösung erzielen kann, muss ein Mitarbeiter zum Kunden fahren / reisen und vor Ort das Problem lösen oder das Gerät vorläufig austauschen.

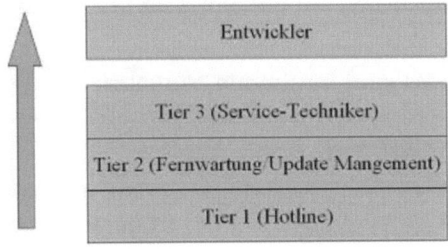

*Abbildung 9 Tier Modell nach "ITIL" für Service- und Wartung in der "HillePojar-Engineering GmbH"*

### 3.1.6.2 Release Management

Inspektionsarbeiten sollen an den B2B Geräten und den Geräten für die Verwaltungen durchgeführt werden. Durch die Inspektionsarbeiten kann statistisch ermittelt werden wie viele Unternehmen das gekaufte Produkt auch weiterhin einsetzen und eventuelle Konkurrenzprodukte einsetzen. Ferner wird nach ITIL folgendes erreicht: "Um die Ausfallzeiten und Risiken bei Hardware- und/oder Softwareänderungen zu minimieren, werden diese Änderungsmaßnahmen gebündelt. [...] Abhängigkeiten zwischen einer bestimmten Software Version und der dazu erforderlichen Hardware bestimmen die Bündelung von Software- und Hardware-Changes die zusammen mit anderen funktionalen Anforderungen einen neuen Release bilden" [24].

### 3.1.6.3 Update Management

Es soll ferner ein "Update Management" entsprechend ITIL [24] aufgebaut werden. Dieses soll mittel- bis langfristig zwei Vorteile gewährleisten. Zum einen soll der Kunde auf der Suche nach einer Verbesserung von Hardware und vor allem Software an das Unternehmen "HillePojar - Engineering GmbH" gebunden werden. Er soll bei dabei zum Beispiel beim Besuch der Internetseite oder im direkten Gespräch mit Unternehmensvertretern auf neue und bessere Produkte aufmerksam gemacht werden. Langfristig ist geplant diese Art des Kundenkontakts dem Customer Relationship Management zuzuordnen. Ferner sollen Fehler, die in der Entwicklung von Produkten unvermeidlich sind auf unkomplizierte Art und Weise beseitigt werden.

Für die Updates sind bestimmte Vorgaben bei den Terminen, die eingehalten werden müssen. Diese Termine haben sich z.B. in der IT Branche bewährt.

1xjährlich gibt es ein vollständiges Update der Software gegen Aufpreis. Dieses beinhaltet alle Fixes der früheren Korrekturen. Ferner werden zusätzliche Funktionen zur Verfügung gestellt, die es bei den früheren Robotern nicht gegeben hat.

Bug Fixes zu einzelnen Fehlern sind je nach Bedarf verfügbar und kostenfrei.

### 3.1.7 Garantieleistungspolitik

Dem Kunden soll unbedingt eine lange Gewährleistungsfrist angeboten werden. Dabei soll er die Wahl haben zwischen folgenden Möglichkeiten.

Es gibt eine gesetzliche Gewährleistungsfrist. Diese ist nicht vermeidbar und wird im Folgenden nicht näher ausgeführt.

Ferner wird eine verlängerte Gewährleistungsfrist gegen Aufpreis angeboten. Die Länge sollte jedoch das Vorhandensein von Ersatzteilen auf dem deutschen IT-Markt nicht überschreiten. Die Komponenten sind bei der Schnelllebigkeit auf dem IT-Markt in der Regel nicht länger als zwei Jahre vorhanden. Dies überschneidet sich daher mit der gesetzlichen Gewährleistungsfrist. Interessant ist diese Variante nur, falls es darauf ankommt Ersatzteile möglichst schnell an den Kunden in größeren Stückzahlen liefern zu können. Dies ist folgerichtig eher für größere Abnehmer von Interesse. Zudem ist es von Interesse, falls eine Komponente kurz vor einem Paradigmenwechsel steht und daher in naher Zukunft nicht mehr verfügbar sein wird. Der potentielle Kunde ist auf diesen Sachverhalt aufmerksam zu machen, damit ihm der Unterschied zwischen der gesetzlichen Gewährleistungsfrist und der verlängerten Gewährleistungsfrist gegen Aufpreis klar wird.

Sollte ein Kunde eine Gewährleistungsfrist einfordern, welche die Verfügbarkeit von Ersatzteilen übersteigt, so sind einige Dinge zu beachten. Das Einlagern von Ersatzteilen, kann wegen der großen Zahl an Ersatzteilen zu erheblichen Lagerkosten führen. Weiter ist es derzeit nicht absehbar, ob es in einigen Jahren abwärtskompatible Komponenten (wie Embedded Systems, o.ä.) geben wird. Der Kunde muss in diesem Fall mit erheblichen Mehrkosten rechnen. Dabei kann folgende Berechnung der Lagerkosten als Verhandlungsgrundlage herangezogen werden.

| | |
|---|---|
| Kosten für den Quadratmeter Lagerfläche (bei einer Deckenhöhe von 2 m) | Annahme: 10 €/m² |
| x ist das Volumen der Komponente in Kubikmeter | |
| Es ist zu berechnen wie oft das verpackte Karton "gestapelt" werden kann. Dies errechnet sich näherungsweise aus: Kosten je Einheit (y) | $y = 10 \text{€} / (1 \text{ m}^2 \times 2m / x)$ |

*Tabelle 5 Berechnung Einlagerungskosten für B2C Roboter*

Dabei besteht nun die Problematik abzuschätzen wie viele Ersatzteile je Komponente zur Verfügung gestellt werden sollten. Die „HillePojar - Engineering GmbH" kann hier zwar aufgrund der gesammelten Erfahrung Vorgaben zu Verfügung stellen. Im Wesentlichen ist eine Entscheidung über die Zahl der Ersatzteile dem Kunden überlassen.

## 3.2 Die Konditionenpolitik

### 3.2.1 Preispolitik

Es existiert ein Konkurrenzprodukt (siehe 2.3 Angebots- und Konkurrenzanalyse (Stärken und Schwächen) ) der "Robowatch GmbH" (Modell "Mosro"), welches auf dem deutschen Markt vertrieben wird. Hier sollte versucht werden die Penetrationspolitik anzuwenden, um möglichst rasch das Interesse der (potentiellen) Käufer des Konkurrenzproduktes der „Robowatch GmbH" zu wecken.

Es ist dabei wichtig den Preis des Konkurrenten zu unterbieten. Dies muss anhand einer Analyse der Herstellungskosten durchgeführt werden. Dies ist für das erste Produkt in "5.1 Feasibility Studie " durchgeführt worden. Ferner ist die Konkurrenz- und Nachfragesituation zu überprüfen.

Die Bestimmung der Nachfragesituation gestaltet sich schwieriger. Es sind zwar bereits Abnehmer bekannt. Dennoch ist der Markt derzeit als Nischenmarkt anzusehen und die Preise entsprechend zu gestalten.

Die Nachfrage ergibt sich aus den folgenden Überlegungen

### 3.2.1.1 Preisvorstellungen

Zahlreiche Unternehmen aus dem B2B Markt wie BASF, BMW, Daimler Benz nutzen bereits das Konkurrenzprodukt der „Robowatch GmbH" (Modell "Mosro"). Im Mittelstand kann bei entsprechenden Preisen ein Kundenkreis aufgebaut werden. Die Preise für den B2B Roboter können bei etwa 10000€ - 12000€ liegen. Damit wird man dem Problem gerecht, dass viele mittelständische Unternehmen an Innovationen interessiert sind, jedoch nicht über die notwendigen Mittel verfügen.

Für den B2C Markt ist ein entsprechendes, günstiges Produkt anzubieten. Denn trotz des großen Interesses des jüngeren Publikums, die bereits sind einen höheren Preis zu zahlen, ist eher mit einem Kundenkreis mittleren Alters zu rechnen. Hier sind zahlreiche Wohnungs- / und Hauseigentümer zu finden, die bereits sind einen kleineren Betrag für Sicherheit auszugeben. Der Preis von Robowatch GmbH sollte dabei auch unterboten werden. Daher ergibt sich für den B2C Markt ein Preis von 800€.

### 3.2.1.2 Preisbereitschaft

Die Bereitschaft hängt stark von den Sicherheitsüberlegungen der einzelnen Unternehmen ab. Trotz Terror und zahlreicher Fälle von Wirtschaftsspionage sind diese Themen zwar im Augenmerk von Unternehmen. Jedoch haben die meisten Unternehmen keine konkreten Schritte eingeleitet. Bei einer Umfrage hat sich ergeben, dass die meisten Unternehmen sich zwar der Gefahren bewusst sind, die Kosten für eine Nachrüstung der Sicherheitssysteme als zu hoch eingeschätzt werden.

Die Qualität und das Image des Anbieters bzw. des Produktes spielen ebenfalls eine Rolle. Bei der Qualität und dem Image von Überwachungsrobotern gibt es eine Vergleichsmöglichkeit zur "Robowatch GmbH". Ansonsten sind Roboter in vielen Abhandlungen zitiert worden und es gab Ansätze von Unternehmen für die Umsetzung von Produkten, ohne dass es zu einer Fertigstellung gekommen ist (siehe [27]). Insgesamt gesehen, haben die Vermarktung und der Einsatz kaum stattgefunden. Folglich sind Image des bisherigen Anbieters bzw. des Produktes im Konsumbereich als eher gering einzuschätzen und eher im bestimmten Kreisen wie der Industrie punktuell als hoch anzusehen. Die „HillePojar-Engineering GmbH" muss daher mit hohen qualitativen Produkten den Eintritt in den Markt schaffen. Dies hängt zum einen von der eigenen Entwicklung ab, zum anderen auch von den Lieferanten von Komponenten.

### 3.2.1.3 Preisklassen

Es sind drei Preisklassen vorgesehen, um die interessantesten Marktsegmente abzudecken.

Bei der Hochpreisklasse werden Geräte für Militär und Verwaltung angeboten. Wegen der speziellen Anforderungen wie Schirmung durch eine Bleimantelung vor Radioaktivität ist hier mit Kosten ab 30000€ zu rechnen. Eine genaue Kostenanalyse kann erst nach

Erstellung eines Lastenhefts für das jeweilige Projekt erstellt werden.

Für den industriellen Einsatz (B2B Markt) wird eine mittlere Preisklasse aufgebaut. Es kann mit einem Preis von etwa 12000€ gerechnet werden. Die genauen Kosten sind in diesem Fall ebenfalls abhängig von den Anforderungen im Lastenheft.

Für den Konsummarkt (B2C Markt) ist ein Produkt in niederen Bereich vorgesehen, welches bei etwa 800 € liegt. Es erfüllt die typischen Aufgaben bei der Überwachung von Gebäuden. Eine Individualisierung des Projektes ist nicht vorgesehen und daher kann der Preis relativ genau vorhergesagt werden.

### 3.2.2 Rabattpolitik

Da es sich bei der Herstellung des Produktes im Wesentlichen um eine technisch komplexe Integration von technisch hochwertigen Komponenten handelt, sind Rabatte in vielfältiger Hinsicht für den Einkauf auszuhandeln. Die Verhandlungen stehen noch aus und werden erst kurz vor Fertigstellung des Prototyps etwa gegen Dezember 2004 angegangen. Dadurch kann Zeit gewonnen werden, um aus einer großen Zahl von Anbietern und Technologien eine endgültige und gute Wahl zu treffen.

#### 3.2.2.1 Rabatte für den Einkauf der „HillePojar-Engineering GmbH"

Rabatte sind als Funktionsrabatte von den Lieferanten beim Bezug der Komponenten gegenüber der "HillePojar-Engineering GmbH" zu gewährleisten. Dadurch kann die geschäftliche Beziehung vertieft werden. Sollte dieser Rabatt nicht gewährleistet werden, ist es möglich auf andere Lieferanten auszuweichen, da ausschließlich Standardkomponenten verwendet werden und diese leicht zu beschaffen sind. Es ist ferner eine Argumentationsliste für entsprechende Verhandlungen zu erstellen. Ferner ist eine Kostenübersicht zu erstellen, damit die richtigen Argumente zur Hand liegen. Es handelt sich dabei um Argumente, dass Komponenten verwendet werden, die schon seit längerem auf dem Markt sind und dem Lieferanten helfen seine Lager risikolos zu leeren.

### 3.2.2.2 Rabatte im Verkauf der „HillePojar-Engineering GmbH"

Mengenrabatte für Kunden können bzw. müssen bei der Lieferung größerer Stückmengen im B2C Markt zugelassen werden. Diese sollten 10% nicht übersteigen. Die Mengenrabatte können dazu dienen den Verkauf zu erhöhen und für eine Auslastung der Produktion sorgen.

Ebenso müssen Treuerabatte für Kunden eingeplant und gegebenenfalls gewährt werden. Es ist nicht anzunehmen, dass ein Unternehmen in einem späteren Schritt Roboter nachkauft. Dies liegt daran, dass die Roboter beim Abnehmer gezielt an den sicherheitsrelevanten Stellen eingesetzt werden. Ebenso ist nicht damit zu rechnen, dass ein Unternehmen neuere Roboter nachkauft. Jedoch sollte das Update-Management nicht vergessen werden. Dies widerspricht wirtschaftlichen Überlegungen. Hier liegt ein Potential, um über Updates weitere neue Produkte gegen ein Entgelt oder Lizenzkosten anzubieten. Daher kann in solchen Fällen ein Geschäft abgeschlossen werden, falls dies durch einen Treuerabatt schmackhaft gemacht wird. Dabei sind etwa 5%-15% je nach Verhandlungsposition für den B2B Markt realistisch (siehe 5.1 Feasibility Studie ).

### 3.2.3 Lieferungs- und Zahlungsbedingungen

### 3.2.3.1 Liefer- und Zahlungsbedingungen für Kunden

Es wird im Dezember 2004 eine AGB der HillePojar-Engineering GmbH erstellt. Diese wird für verschiedene Fälle konkret ausformuliert und soll als Standard verwendet werden. Die Bezahlung einer Bestellung erfolgt bei Lieferung oder im Voraus.

Das Produkt soll möglichst schnell beim Kunden sein. Dies heißt im konkreten Fall, dass es notwendig ist, einen Lieferservice oder eine Spedition zu finden, die in der Lage ist innerhalb von wenigen Tagen in Deutschland zu liefern. Diese Lieferzeit muss bei der Produktionszeit mit eingeplant werden, um den Zieltermin einhalten zu können. Die Verpackungs- und Zustellkosten werden in die Rechnung für den Abnehmer mit eingerechnet. Dazu zählen auch eventuelle Versicherungskosten, die bei einem Produkt von mehreren tausend Euro zu berücksichtigen sind.

| | |
|---|---|
| B2C | 5 Tage |
| B2B | 20 Tage |
| Militär, Verwaltung, Botschaften | Abhängig vom Projektumfang |

*Tabelle 6 Lieferzeiten für Roboter der „HillePojar-Engineering GmbH" für B2C, B2B Roboter*

### 3.2.3.2 Liefer- und Zahlungsbedingungen für Lieferanten

Bei der Lieferung der Komponenten durch den Lieferanten ist auf eine Übergabe der Ware nach Ort und Zeit zu achten. Die Abhängigkeit innerhalb der Produktion ist sehr groß. Lagerkapazitäten für Komponenten sind nicht vorgesehen. Daher ist eine enge Lieferfrist von 3 Tagen für B2B Produkte und 5 Tage für B2C Produkte vorgesehen. Sollte diese nicht eingehalten werden ist zunächst eine Konventionalstrafe in Höhe des Projektes einzufordern. Die Höhe ist abhängig davon, ob es sich um ein B2B oder B2C handelt. Ferner sind die Kosten für die Verwendung einer Komponente eines Konkurrenten zu zahlen.

Bei der Verpackung der Ware ist auf eine gute Verpackung zu achten. Es ist zu berücksichtigen, dass die verwendeten Komponenten direkt in den Herstellungsprozess einfließen und daher in tadellosem Zustand sein müssen. Versicherungskosten sollten in der Regel eingeplant werden, jedoch können diese bei robusteren Komponenten entfallen.

Eine Bedingung bei der Zahlung der Komponenten an den Lieferanten müssen Zahlungsfristen sein, die es ermöglichen zunächst ein Produkt auszuliefern und anschließend die anfallenden Komponentenkosten zu begleichen. Dies hängt in der Praxis sicherlich von der Menge der bestellten Komponenten, der Häufigkeit von Bestellungen ab.

## 3.3 Distributionspolitik

### 3.3.1 Die Absatzkanäle

#### 3.3.1.1 Direkter Absatz

Grundsätzlich ist bei einem derartigen Produkt aus dem Hochtechnologie-Bereich darauf zu achten den Kundenkontakt so direkt wie möglich zu halten. Dadurch wird eine direkte Einflussnahme ermöglicht (siehe 3.4.1). Dies ist notwendig da erstens ein Investitionsgut angeboten wird, welches eine besondere Betreuung benötigt. Zweitens ist der Dienstleistungsbereich mit Wartung, Beratung ein zentraler Bereich in der Kundenbetreuung. Die Kosten, die für Dienstleistungen und Aufwand beim Kunden entstehen, müssen über das Produkt finanziert werden (Berechnung von Zuschlägen auf Gewinn, siehe [1]).

#### 3.3.1.2 Unternehmenseigene Absatzorgane

In einer KMU ist es sicherlich erst ab einer gewissen Absatzzahl möglich einen eigenen Vertrieb zu haben.

Die Aufgaben werden am "Anfang" für den B2B Markt von den Geschäftsführern übernommen. Es steht das Direktmarketing im Mittelpunkt. Dies gibt die geringsten Streueffekte bei einem Geschäftsabschluss. Das Ziel ist es mittelfristig nach Spezialisten zu suchen, die an dieser Stelle weiterhelfen können.

Im B2C Markt ist es notwendig möglichst schnell und kostengünstig ein Vertriebssystem aufzubauen. Daher sind auf der Basis von Minijobs Telefonisten für die Auftragsannahme, Promoter für die Vermarktung des Produktes in Geschäften oder Vorführungen vorzubereiten. Die Minijobs liegen mit 400€ im unteren Kostenbereich. Es sind etwa 4 bis 5 Minijobs zu vergeben. Dies kann in einem der Anbieter wie www.jobpilot.de erfolgen.

Sobald die Randbedingungen (gutes Image des Unternehmens, fester Kundenkreis bei Wartung, Kooperationspartner in Sicherheitstechnik, Entwicklung) etabliert ist, wird der Vertrieb an eine spezialisierte Vertriebsabteilung übergeben. Eine Recherche darüber wie der Vertrieb aussehen soll (Teamgröße, Kompetenzen), hat noch nicht stattgefunden, da diese Art des Vertriebs erst mittelfristig notwendig wird.

Ebenso ist an Vertragshändler zu denken, die beim Kunden vor Ort mit ihm in Kontakt treten können. Es ist sehr wichtig, dass der Vertragshändler mit dem Marketing des Unternehmens vertraut ist. Es ist weiter in regelmäßigen Abständen zu überprüfen wie erfolgreich der Händler ist. Durch den Vertragshändler können Kosten gegenüber eigenen Verkaufsniederlassungen gespart werden, ohne die Nähe zum Kunden zu verlieren. Eine Ausschreibung wird im Dezember 2004 stattfinden. Durch die Verlagerung des Verkaufs auf einen externen Vertrieb ergibt sich ein Einsparungspotential. Diese errechnet sich in etwa wie folgt: 1586h pro Jahr Arbeitszeit werden durch den Vertriebspartner zur Verfügung gestellt. Eine Arbeitsstunde kostet im Büro der HillePojar Engineering etwa 70 €. D.h. für die „HillePojar-Engineering GmbH" ergibt sich ein Einsparungspotential von 117000€/pro MA, pro Jahr. Abgezogen werden müssen die 30000 € und die Tantieme aus abgeschlossenen Verkäufen.

### 3.3.1.3 Unternehmensfremde Absatzorgane

Messen, Fachtagungen und Ausstellungen sind absolut notwendig. Dabei ist es notwendig in Konkurrenz zu anderen Produkten zu treten, um ein Image aufzubauen. D.h. der Besuch von Verkaufsmessen ist ebenso notwendig wie die Teilnahme an Technologiemessen. An diesem Messen werden die Geschäftsführer der „HillePojar - Engineering GmbH" sowie einige der besonders erfolgreichen Verkäufer oder HVs sowie ein sehr guter Techniker teilnehmen. Damit ist das notwendige Know-how versammelt. Als technisches Equipment werden der Prototyp mit modernster Hardware und Software sowie eine B2B Version von „Company Patrol" vorhanden sein (siehe Mitgliedsliste von Anbietern der „Surveillance Roboter" [28]).

### 3.3.2 Marketing-Logistik

Beim Transport des Produktes zum Kunden ist natürlich eine Vielzahl von Kanälen möglich. Grundsätzlich sind jedoch die folgenden Punkte für das Unternehmen wichtig:

Optimale Bedienung des Kunden

Einsparung von Transportkosten

#### 3.3.2.1 Außerbetriebliche Marketing-Logistik

Grundsätzlich gilt: "Je höher der Lieferservice, desto höher sind die dadurch anfallenden Lieferkosten"[29]. Die Antwort wie hoch der Lieferservice der „HillePojar-Engineering GmbH" ausgebaut werden soll, ist vor Erhalt der ersten Verkaufszahlen und Kennzahlen schwer einzuschätzen.

#### 3.3.2.2 Transportmittel und -wege

#### 3.3.2.2.1 Transportkosten

Die Transportkosten hängen vom Standort des Kunden ab. Vermutlich finden sich die B2B-Kunden eher im Süden Deutschlands. Dies hängt mit dem klassischen „Nord-Süd"-Gefälle in der Wirtschaft zusammen. Für den Vergleich der Transportkosten sind Ende 2004 folgende Alternativen zu vergleichen und für die jeweiligen Gegebenheiten des B2B und B2C Marktes abzustimmen.

Entweder wird ein eigener LKW für Transporte gekauft. Dabei sind die Anschaffungs-/Mietkosten und Wartungskosten problematisch.

Es kann alternativ über eine Kooperation mit einem Speditionsunternehmen nachgedacht werden. Dabei sind die anfallenden Kosten problematisch.

Der Versand kann auch auf dem Postweg stattfinden. Hier ist zu klären, ob dies wegen hoher Kosten nicht von vornherein ausscheidet und ob dies im Hinblick auf Serviceleistungen der „HillePojar-Engineering GmbH" sinnvoll ist.

### 3.3.2.2.2 Transportmengeneinheiten

Die Transportmengeneinheiten hängen zum einen stark vom zu bedienenden Marktsegment ab (B2B oder B2C). Im B2B Segment sowie Militär/Verwaltung sind je nach Projekt 1-10 Roboter mit einem Transporter / LKW zu transportieren. Im B2C Segment muss unterschieden werden, ob über den eShop auf der Website „hillepojar-engineering.com" bestellt wird. Dann wird jedes Gerät individuell (z.B. auf dem Postweg) ausgeliefert. Soll ein Laden in einer Region beliefert werden, dann ist mit etwa 10 Geräten pro Monat und je Region zu rechnen.

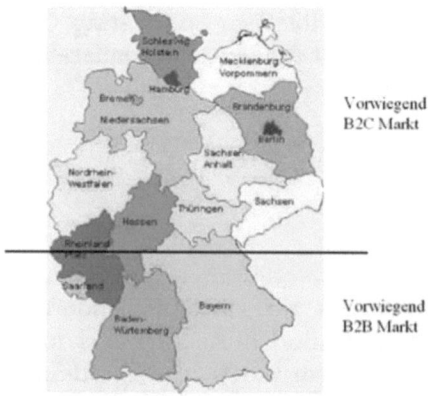

*Abbildung 10 Karte Deutschland mit den Regionen für Absatz B2C und B2B Produktes „Home Patrol" der „HillePojar-Engineering GmbH"*

### 3.3.2.2.3 Erforderlichen Transportgeschwindigkeit

Für den B2B Markt ist ein schneller Transport zum Kunden notwendig. Es müssen vor allem individuelle Terminwünsche des Kunden, die im Lastenheft stehen, berücksichtigt werden.

Für den B2C Bereich ist darauf zu achten, dass genügend Roboter in die jeder Region vorhanden sind. Dies kann mit dem jeweiligen Händler abgestimmt werden. Dadurch können Daten für die Verkaufsstatistik erhalten werden. Ansonsten ist der Fluss an Robotern konstant zu halten, wobei die Transportgeschwindigkeit nicht hoch sein muss. Details können sobald erste Verkaufszahlen verfügbar sind, geklärt werden.

### 3.3.2.3 Lagerhaltung

Die Lagerhaltung ist in starken Maß von dem Marktsegment abhängig, welches beliefert wird. Ferner ist zu beachten, dass Lieferbereitschaft ein Servicegrad ist. Lagerkosten steigen mit der Lieferbereitschaft. Daher ist die Lagerfläche zu minimieren.

Für B2C Roboter erfolgt die Lagerung in Kornwestheim bei der Produktionsstätte (Produktionsstätte siehe [1]). Sie ist jedoch auf einige wenige Standardmodelle wie "Home Patrol" beschränkt. Die zentrale Lagerhaltung ist vorteilhaft für den eShop und für den Verkauf im Shop im Raum Stuttgart. Die Verteilung der B2C Roboter für Deutschland erfolgt aus diesem Zentrallager (siehe 3.3.2.1 Außerbetriebliche Marketing-Logistik)

Für B2B muss berücksichtigt werden, dass ein typisches Model des Typs "Company Patrol" nicht existiert und daher entsprechend wenig eingelagert werden kann. Es sind im B2B teilweise Komponenten, die auf jeden Fall eingebaut werden (siehe 3.3.2.1 Außerbetriebliche Marketing-Logistik).

### 3.3.2.4 Standort

#### 3.3.2.4.1 Preise für Niederlassung der „HillePojar-Engineering GmbH"

Die Kosten für eine entsprechende Immobilie sind anhand von drei Beispielen aufgelistet. Diese Immobilien finden sich in guten Lagen in der Nähe des Stadtzentrums.

| 158 m$^2$ | 6,3€/m$^2$ |
|---|---|
| 203 m$^2$ | 5,4€/m$^2$ |
| 90 m$^2$ | 9,7€/m$^2$ |

*Tabelle 7 Liste mit Mietkosten für Immobilie (kalt, ohne NK), Recherche in der Stuttgarter Zeitung Mai 2004*

Alternativ können „Innovationspavillons" mit niedrigen Kosten von etwa 2€/m$^2$ für die Unternehmensgründung genutzt werden.

Diese liegen wie im Beispiel von Kornwestheim relativ abseits des Stadtzentrums.

### 3.3.2.4.2 Gewünschter Servicegrad für Belieferung mit B2B und B2C Robotern

Für B2B ist ein hoher Servicegrad notwendig. D.h. bei diesem Kundenkreis muss sofort reagiert werden (siehe auch 3.1.6). Daher ist eine Nähe zum Kunden vorteilhaft.

Für B2C Kunden werden Schadensfälle entweder zunächst über die Hotline oder über den Händler abgewickelt. Für die Belieferung des Händlers ist jedoch eine gute Infrastruktur notwendig.

Struktur des vom Lager zu beliefernden Absatzgebietes. In Baden Württemberg ist ein Kundenkreis (B2B und B2C Markt sind kaufkräftig) vorhanden, welches kaufkräftig ist. Daher empfiehlt es sich das erste Lager im Stuttgart Großraum anzulegen.

Bei allen Überlegungen ist die vorhandene Infrastruktur im Großraum Stuttgart zu beachten.

Der Süden von Stuttgart bietet mit den Autobahnen und zahlreichen Landstraßen gute Anbindungsmöglichkeiten nach München, Ulm, Mannheim, Frankfurt und der Bodenseeregion.

Für schnelle Transporte in entferntere Gebiete eignet sich der Flughafen, der mittlerweile in Stuttgart eine gewisse Bedeutung gewonnen hat.

Ferner sind abhängig vom Standort die jeweiligen Lager- und Transportkosten in strategische Überlegungen einzubeziehen. Die Lager- und Transportkosten sind mit einem Speditionsunternehmen abzuklären, welche im Januar 2005 aus der Ausschreibung gewählt wird. Als Alternativen bieten sich Lager bei der Produktionsstätte oder in der Niederlassung an. Dies wird noch geklärt.

### 3.3.2.5 Innerbetriebliche Marketing-Logistik

Die Belieferung von Außenlagern ist im ersten Schritt nicht notwendig, da es lediglich einen einzigen Standort für Deutschland aus Kostengründen geben wird. Es wird aber auf jeden Fall die innerbetriebliche Montage-Logistik in Betracht gezogen werden müssen. Die Produktionsstätten für den mechanischen Unterbau sind in

Kornwestheim (siehe [1]). Die Endmontage für die Zusammenführung von Mechanik und Elektronik muss noch ausgemacht werden. Hier ist eine Anbindung nach Kornwestheim absolut notwendig. Als Alternative ist noch zu klären, ob die elektrischen Komponenten im mechanischen Werk gegen Bezahlung einer Gebühr montiert werden dürfen. Eine endgültige Entscheidung darüber wird im November 2004 gefällt werden.

### 3.4 Kommunikationspolitik

#### 3.4.1 Werbung

##### 3.4.1.1 Werbearten

Werbung kann nach verschiedenen Kriterien unterschieden werden. Diese Kriterien ermöglichen es ganz bestimmte Schwerpunkte zu setzen, um einen potentiellen Kundenkreis zu bearbeiten. Dabei soll auf bestimmte Adressaten wie Händler- und Verbraucherwerbung eingegangen werden.

o Die Werbung für den B2C Markt soll anfangs über Zeitschriften, Websites, o.ä. erfolgen. Dabei sind Werbeträger vorzuziehen, die aus den Branchen (Haus-) Bau, Sicherheitstechnik kommen oder z.B. Websites, die besonders populär sind wie gmx.de, msn.com.

o Um die Reaktion des Kunden in Form von einem Feedback zu erhalten kann ein CRM System verwendet werden. Denn „Customer-Relationship-Management bedeutet die Pflege von Kundenbeziehungen mit dem Streben nach einer dauerhaften Kundenbeziehung. Es umfasst eine strategische Form der Kundenorientierung, zusammengesetzt aus Mensch, Organisation und Technologie. Projekte in diesem Zusammenhang setzen abteilungsübergreifendes Umdenken voraus." [27] Dies muss zu allen Wirtschaftszweigen und Branchen übergreifend aufgebaut werden, da hier potentielle Kunden vorhanden sind. Es ist zu untersuchen, welche Wirtschaftszweige die größten Abnehmer sind (siehe [30]). Dieses Vorgehen fällt unter das so genannte „Marketing Controlling"

Die räumliche Ausdehnung der Werbemaßnahmen muss unbedingt überlegt werden. Denn diese Entscheidung geht direkt in die Kosten ein. Ferner hängt diese Entscheidung von strategischen Überlegungen ab. Deswegen ist die Werbung zunächst national auf den deutschen Sprachraum begrenzt. Bei Zeitschriften ist dies gewährleistet, abgesehen von der Möglichkeit die eine oder andere Zeitschrift z.B. im deutschsprachigen Ausland zu finden. Bei Veranstaltungen wie Messen, Konferenzen oder andere Fachvorträge ist die Teilnahme der „HillePojar Engineering GmbH" auch im Ausland meist notwendig. Bei Webseiten ist es durchaus möglich, dass diese im Ausland aufgerufen werden. Vor allem bei „hp-engineering.com" ist dies möglich.

Die Zahl der Werbenden ist trotz der Werbeflaute gerade im Bereich des Direktmarketing hoch „Die Unternehmer sehen gerade jetzt in wirtschaftlich kritischen Zeiten ihre Chancen im Direktmarketing, sprich dem direkten Dialog mit dem Kunden, um hohe Streuverluste durch z.B. flächendeckende Werbung zu vermeiden." [31] Dadurch besteht die Gefahr, dass die Kunden auf diese Art der Werbung nicht gut ansprechen. Die Werbenden sind im Falle der „HillePojar - Engineering GmbH" zunächst die beiden Geschäftsführer Herr Dipl.-Ing. Pojar und Herr Dipl.-Ing. Hille. Es soll ab etwa Mitte 2006 entschieden werden, ob ein Vertriebspartner hinzukommen soll, der den Vertrieb stärken soll.

Die Zahl der Umworbenen muss definiert werden. Diese Entscheidung kann einen großen Einfluss auf die entstehenden Kosten haben. Ferner kann die Auslastung der Produktion der „HillePojar-Engineering GmbH" direkt beeinflusst werden. Die einfachste Möglichkeit für Werbung ist Direktwerbung (siehe [33]). Es sind nicht ausschließlich die großen Konzerne, sondern durchaus mittelständische Unternehmen, die Direktmarketing einsetzen, „[...] es sind vielmehr sehr häufig die Unternehmen mit einem Umsatz bis zu 250 000 Euro, die diesen Weg zum Dialog mit dem Kunden nutzen." [32] Mit steigendem Jahresumsatz steigen die durchschnittlichen Ausgaben fürs Direktmarketing. Das Direktmarketing wird von der „HillePojar – Engineering GmbH" durch verschiedene Medien durchgeführt. Zum Beispiel werden Kunden auf Messen oder per Telefon im Anschluss an Messen, Tagung oder Fachvorträgen angesprochen. (siehe [33]). Angesichts dieser Zahlen sind die Chancen im Direktmarketing auch zukünftig positiv zu bewerten.

Die Werbeinhalte und Werbethematik müssen ebenfalls festgelegt werden. Diese Punkte können zunächst für den deutschen Markt abgestimmt werden.

- Die Möglichkeit den Kunden zu informieren bieten Aufklärungs-, Informations-, Erinnerungs-, und Imagewerbung.
- Es sollen durch Callcenter Informationen zu neuen Produkten gegeben werden können. Durch das Call-Center werden Informationen an den Kunden weitergegeben. Es werden jedoch ebenso Informationen, Hinweise und ähnliches aus Kundensicht entgegengenommen. Dies ist ein Bestandteil eines späteren CRM. Durch geeignete Bewertung der Daten kann entschieden werden durch welche Werbeinhalte der Kontakt zum Kunden aufrechterhalten wird.
- Völlig selbstverständlich ist eine Datenbank mit Kundenprofilen. Eine tief greifende Bedeutung wird diese Datenbank erst mittel- bis langfristig haben. Dennoch sollten an dieser Stelle Vorbereitungen getroffen werden. Personal- und Adressangaben, Angaben über Familie, Hobbys etc. gehören ebenso zum kundenorientierten Wissen, wie die Kaufhistorie und das bisherige Kundenverhalten. Der Kauf mit EC-, Kredit- und Kundenkarte oder auch der Interneteinkauf sind nur wenige Beispiele für die Möglichkeiten, die sich bieten, um detaillierte Angaben über den Kunden zu sammeln.

**3.4.1.2 Werbeziele**

Es geht darum über höhere Umsätze, bessere Gewinne des Unternehmens zu generieren. Wichtig ist ferner ein neues Produkt durch eine gezielte Einführungswerbung einzuführen. Das Umdenken vom klassischen Marketing zum Direktmarketing erfolgt nicht zuletzt deshalb, weil die Unternehmer ihre Kunden auf diese Art und Weise wesentlich gezielter, persönlicher und wirksamer „ansprechen" können. Es können die Verkaufszahlen erhöht werden. Ferner steigt der Bekanntheitsgrad der „HillePojar – Engineering GmbH". Sehr häufig lassen sich dabei durch technische Möglichkeiten gleichzeitig die Wünsche und Bedürfnisse der Kunden besser erfassen. Dieses Feedback wird durch das CRM der „HillePojar – Engineering GmbH" ausgewertet. „Kundenbindung und Kundenbeziehung sind für das Direktmarketing der wichtigste Gesichtspunkt und im Gegensatz zu klassischen Werbemethoden, die auf größtmögliche Marktanteile und hohe Reichweiten angelegt ist, versucht das Direktmarketing auch aus den kleinsten Marktanteilen noch das Optimum herauszuholen." [31]

### 3.4.1.3 Durchführung der Werbung

Die Durchführung der Werbung läuft unabhängig von den Werbezielen ab und beinhaltet folgende Punkte:

#### 3.4.1.3.1 Ausarbeitung einer Werbekonzeption

Für den B2C Markt ist ein bestimmtes Werbekonzept vorgesehen. Werbung in den Zeitschriften "Das Haus" und "Living at Home". Hier findet zunächst eine Anfrage zu den Kosten für ein Inserat ab Januar 2005 statt. Werbung soll jedoch auch in Zeitschriften zur Sicherheitstechnik zu finden sein. Analyse der Bekanntesten Zeitschriften, die vor allem für Kunden wie Hausbauer interessant sind. Es sind ferner die Kosten bis Januar 2005 abzuklären. In den Zeitschriften für Wohnideen und Sicherheitstechnik wird die Werbung in jeder Ausgabe im Inserenten- / und Firmenteil vorhanden sein. Vor allem in "Das Haus" ist eine Firmeninserentenliste im Anhang, welche in ganz Deutschland bei Bausparern und Interessierten großen Anklang findet. Ferner haben die Zeitschriften auch Websites. Es ist abzuklären, ob auch an dieser Stelle eine Werbung für "Home Patrol" platziert werden kann. Starttermin ist März 2005. D.h. es wird ein Termin vor den Sommerferien gewählt, so dass die Kunden noch die Zeitschriften lesen.

Es sollten neben den Print-Medien auch neue Informationsquellen wie Newsletter für die gezielte Adressierung von Kunden eingesetzt werden. Dabei können auch bei B2B Kunden „Öffnungsraten von 40% und Responseraten von 20%" erreicht werden (siehe [34]). Trotz dieser sehr positiv stimmenden Tatsache ist auch an dieser Stelle eher mittelfristig (bis 2006) mit einer größeren Resonanz zu rechnen. Im Zusammenhang mit den modernen Medien ist der Aufbau eines eShops zu berücksichtigen. Dieser dient zum einen zum Kauf der Produkte über das Internet. Es ist aber an dieser Stelle auch geplant ganz gezielte Werbung einzubinden.

o Die Kosten, die sich ergeben sind überschaubar. Für 3 Domänen sind im Jahr etwa 100€/Jahr zu erbringen (siehe Webangebote wie gmx.de o.ä.).

o Die verwendete Servertechnologie ist kostenlos im Internet erhältlich. Mit Apache und Tomcat läßt sich problemlos ein eShop aufbauen. Dies ist mit Produkten wie MS Pagemaker nicht realisierbar.

o Der eShop wird eine Eigenentwicklung werden. Die verwendete Programmiersprache ist JSP, welches von Tomcat unterstützt wird.

Die Dauer der Umsetzung für den eShop beträgt 25 MT. Dabei entstehen keine Kosten, da die Entwicklung von Herrn Dipl.-Ing. Hille getragen wird. Ein Designer soll die Inhalte ansprechend und interessant gestalten. Dabei können Kosten um die 1000€ entstehen. Im Aufbau des Internetauftritts sollen Bilder des Unternehmens eingebracht werden, welches die Seite grafisch ansprechend untermalen. Ferner ist eine Beschreibung des Portfolios der "HillePojar-Engineering GmbH" untergebracht.. Für den eShop werden folgende Domänen verwendet: www.hp-engineering.de, www.hillepojar-engineering.com und www.hillepojar-engineering.de . Diese sind miteinander verlinkt, so dass der Kunde nicht merkt, dass er sich in einem einzigen Internetauftritt bewegt.

### 3.4.1.3.2 Formulierung einer Werbebotschaft

Für den B2C Markt kann eine Botschaft lauten: "Innovative Sicherheitstechnik ist absolut notwendig und kann kostengünstig sein".

Für den B2B Markt soll "Rationalität und absolute Sicherheit vereinen" vermittelt werden.

### 3.4.1.3.3 Auswahl der Zielgruppen

Für den B2B Markt werden Großunternehmen (branchenübergreifend) sowie KMU (z.B. Bankfilialen, innovative Forschungsunternehmen, Golfanlagen, Nobel-Sportanlagen, Kaufhäuser, ...) als Absatzmarkt gewählt.

Für die Nischengruppe Militär / Verwaltung (leer stehende Kasernen, Kernkraftwerke, Behörden wie Finanzamt, Arbeitsamt, ...) gibt es ebenfalls zahlreiche Ideen für den Einsatz von Robotern. Jedoch stellt sich der Absatz schwierig dar.

B2C ist der Massenmarkt kostengünstiger Roboter für jeden Haushalt. Hier ist eine Kooperation mit Anbietern wie automatischer Rollo-Technik oder Universalanbietern wie ELV abzuklären.

Die Zielgruppe besteht aus Abnehmer mit Eigenheim, die das eigene Hab- und Gut schützen möchten. Es sind aber auch „Technik-Freaks" als Abnehmer angesprochen.

### 3.4.1.3.4 Bestimmung des Werbeetats

Die Ergebnisse aus der Abschätzung des Werbeetats fließen direkt in die Untersuchung von Herrn Dipl.-Ing. Pojar ein. Die Vorgaben finden sich in [1] im Kapitel „8.4 Rentabilitätsvorschau". Die Kosten gehen von einem „worst case" aus, damit auch bei einer Erhöhung der Kosten die Finanzierungspläne eingehalten werden können.

| Posten | Kosten |
|---|---|
| Zeitschriften | 5000 €/Jahr |
| Internet - Fixkosten Domäne | 100 €/Jahr |
| Internet - Umsetzung von Design | 1000 € |
| Werbegeschenke wie Schreibblöcke, Kugelschreiber, Schlüsselanhänger, ...) | 2000 €/Jahr |
| Besuch von Messen | 5000 - 10000 €/Jahr |
| Konditionenpolitik / Rabatte | 5000 €/Jahr |
| Mieten für Räume | 25000 €/Jahr |
| Telefonkosten pro Jahr | 6000 €/Jahr |
| Marketinglogistik | 50000 €/Jahr (Summe 2) |
| Summe 1 / Werbeetat | ~50000 €/Jahr |
| Summe 2 / Marketinglogistik | ~50000 €/Jahr |

*Tabelle 8 Marketingetat pro Jahr der „HillePojar - Engineering" für B2B und B2C (Schätzwerte)*

### 3.4.1.3.5 Zeitliche Verteilung der Werbung

Es wird ein Projektplan bis November 2004 erstellt. Der Projektplan enthält alle Termine, die für die Unternehmensgründung, den zeitlichen Ablauf der Entwicklungsschritte und dem Marketingplan wichtig sind. Hier sind die wichtigsten Schritte für den Marketingplan grob aufgelistet.

Für den B2B Marktsegment ergeben sich folgende Termine

1. Im November 2004 werden Anzeigen geschaltet, es erfolgt ein Eintrag des Produktes in ein B2B Portal.
2. Ab Januar 2005 werden Messen besucht. Dazu muss eine Liste mit den Messen 2005 erstellt werden.
3. Ab Oktober 2004: Direktmarketing und Telefonmarketing zu dem Produkt

Für den B2C Marktsegment ergeben sich folgende Termine.

1. Ab März 2005 wird in Zeitschriften, eShops / Websites auf das Produkt „Home Patrol" aufmerksam gemacht.
2. Ab Juli 2005 findet der Verkauf des Produktes über ebay und Handel mit Roboter des Typs "Home Patrol" statt. Es soll ferner Werbung auf Sites wie www.gmx.de und www.msn.com vorhanden sein.
3. Ab August 2005 werden Angebote in Newslettern versendet. Der Eintrag in einer solchen Liste geschieht auf der Website der „HillePojar-Engineering GmbH".

### 3.4.1.3.6 Kontrolle des Werbeerfolges

Werbung im Internet und Zeitschriften findet ab etwa 3 Monaten vor Markteinführung statt. Denn das primäre Ziel im Marketing liegt „nicht im generellen Abbau von Kosten, sondern im Abbau von Marketingkosten, deren Erfolg nicht die dafür aufgewendeten Kosten mindestens kompensiert" [35] Es kann die Zahl der Rückmeldungen aus diesen Medien rechtzeitig vor Markteinführung bestimmt werden.

o Es können Klicks auf eine bestimme Seite bestimmt werden.

o Es kann ermittelt werden wie viele Kunden eine Bestellung durchführen wollen.

o Das HTTP im Internet bietet die Möglichkeit zu bestimmen von welchen Websites die Kunden auf die Website der „HillePojar - Engineering GmbH" gelangen (siehe HTTP Spezifikation, Parameter "referer"). Dadurch können die profitabelsten Werbesites im Internet bestimmt werden.

o Falls eine Korrektur der Meßparameter notwendig ist, kann dies noch vor Markteinführung geschehen. Denn „es gilt bei der Etablierung entsprechender Effizienzkriterien sorgfältig nach passen-

den Meßpunkten zu suchen, die auch qualitativer Natur sein können und sich damit einer rein quantitativ orientierten Controlling –Analyse entziehen, trotzdem aber den Output der eingesetzten Gelder abbilden können." [35]
- o Später kann noch die Anzahl der Kunden bestimmt werden, die sich für einen Newsletter anmelden. Das Newsletter Abo wird an späterer Stelle (2006) dem CRM zugeordnet. Dann ist ein noch gezieltere Kontakt zum Kunden möglich. „Die Kosten für Medialeistungen sind drastisch gesunken.[...] Hier könnten kampagnebegleitende Tools wie „Modelling" helfen, die nicht nur die Medialeistung, sondern auch den Markterfolg messen" [36]

### 3.4.1.3.7 Vorausschau des Werbeerfolges

Für den B2C Markt kann versucht werden über Zugriffszahlen auf Links mit Werbung wie www.gmx.de zu bestimmen wie viele Geräte verkauft werden. Es kann etwa damit gerechnet werden, dass 1% der Kunden, die in gmx.de "surfen" auf die Seiten der „HillePojar-Engineering GmbH" zugreifen werden. Ferner kann über Kooperationen mit Vertriebspartnern wie der ELV die preisgünstige Sicherheitssysteme anbieten deren Portfolio abgerundet werden. Etwa 10% der Kunden der Sicherheitstechnik von ELV werden sich einen Roboter leisten.

Es gibt die Möglichkeit durch Untersuchungen des derzeitigen Marktes Schlussfolgerungen für die Zukunft des B2B Marktes zu ziehen. Hier fällt eine Studie von Forrester Research besonders auf: "Investitionen in B2B-Infrastrukturen zahlen sich nun aus: Einkauf und Vertrieb nutzen zunehmend das Internet." [30] Deshalb werden von der „HillePojar – Engineering GmbH" Ausgaben vorgenommen, die den Vertrieb der Produkte über derartige Plattformen unterstützen. Diese nehmen jedoch nur einen Bruchteil der Vertriebskosten mit etwa 10% ein. „Nach einer Prognose von Forrester Research erreicht der europäische B2B-Onlinehandel im Jahr 2006 ein Umsatzvolumen von 2,2 Billionen Euro. Damit würde er einen Anteil von 22 Prozent am gesamten europäischen Handelsumsatz ausmachen. Im vergangenen Jahr betrug er rund 78 Milliarden Euro, so Forrester. Laut Metcalfe soll sich der Umsatz des gesamten B2B-Onlinehandels in Europa von 465 Milliarden Euro 2003 auf 946 Milliarden Euro im darauf folgenden Jahr verdoppeln."[37]

Der Anteil der B2B Kunden, die über ein B2B Portal zum Produkt "Company Patrol" gelangen und einen Kauf tätigen, ist eher als gering einzuschätzen. Die Zahl derer dürfte etwa 50 Promille aller Kunden der „HillePojar-Engineering GmbH" ausmachen. Jedoch bleibt dennoch festzustellen, dass es sich laut der Forrester Research Studie um einen Zukunftsmarkt handelt, weswegen die Produkte der „HillePojar-Engineering GmbH" dort platziert sein sollten.

Das Direktmarketing bleibt auch im B2B Markt das Kernstück des Verkaufs. Falls das Potential der Kosteneinsparung durch den Erwerb eines Roboters vermittelt werden kann, dann ist mit einer Zahl von 30% an Rückmeldungen, der angesprochenen Kunden zu rechnen. Etwa 5% der Kunden, die sich wieder melden, werden ein Gerät kaufen.

Der Markt im militärischen und administrativen Bereich hat ein sehr großes Potential. Jedoch gibt es hier noch nicht viele Abnehmer, da der Markt als latent anzusehen ist. Grund dafür sind Restrukturierungs- und Einsparungsmaßnahmen in Deutschland. Es ist möglich, dass sich einige Kunden auch hier finden lassen. Der Anteil der Verkäufe ist hier mit etwa 50 Promille der Gesamtkunden anzusetzen.

Die Durchführung und Kontrolle von Werbeaktionen sind entscheidend dafür, ob eine sinnvolle statistische Datenbasis erhalten werden kann. Die „richtige" Reihenfolge wird im Projektplan berücksichtigt.

o Es werden Kundenbefragungen durchgeführt. Dabei soll zum Beispiel geklärt werden wie ein Kunde an eben dieses Produkt gekommen ist.

o Es können auf den Webseiten der „HillePojar – Engineering GmbH" so genannte Feedback Formulare untergebracht werden, die es ermöglichen die Kundenzufriedenheit zu bestimmen.

o Die Zunahme der Absolutzahl an Verkäufen kann nach Werbeaktionen bestimmt werden. Dies gibt einen ersten Aufschluss darüber, ob eine Aktion vom Markt „aufgenommen" worden ist.

## 3.4.2 Verkaufsförderung

### 3.4.2.1 Außendienst- und Handelspromotions

Unter dem Oberbegriff Verkaufsförderung werden alle kommunikativen Maßnahmen zusammengefasst, die der kurzfristigen Beeinflussung des Absatzes dienen. Die Verkaufsförderungsmaßnahmen beziehen sich auf die dem Unternehmen nächstgelegenen Zielgruppe, den Außendienst. Diese Förderungsmaßnahmen können Schulungen für die Absatzorgane sein.

o Es gibt quartalsweise Updates zu den Produkten "Home Patrol" und zu den verschiedenen Varianten des "Company Patrol". Hier empfiehlt es sich den Verkauf auf den aktuellen Stand zu halten. Dies kann durch einen erfahrenen Techniker geschehen.

o 2 x im Jahr wird der Stand des Verkaufs genauer analysiert.

Es finden Informationsveranstaltungen für die Absatzorgane über die Produkte statt.

o Einführungsveranstaltungen für neue Mitarbeiter sind Pflichtveranstaltungen.

o On-the-job Kurse zu Erweiterungen / Änderungen sollen helfen den Wissensstand auf dem neuesten Stand zu halten.

o Ehrung des besten Verkäufers in einer Veranstaltung. Dort können Erklärungen zu neuen Produkten abgegeben werden.

o Ansprechpartner in der Technik nennen. Dieser Techniker ist verantwortlich für die Vermittlung von Inhalten an den Verkauf.

Ferner ist die Bereitstellung von Ausstellungsstücken für die Absatzorgane zur Erleichterung des Verkaufs selbstverständlich. Ferner ist eine passende Ausgestaltung der Verkaufsräume umzusetzen. Aus Kostengründen müssen für B2B und B2C Handel in der Anfangsphase der „HillePojar-Engineering GmbH" die gleichen Ausstattungslinien verwendet werden. Seriöse Werbeplakate sollen aufgestellt werden. Diese sind vom Designer zu entwerfen. Ferner sind schöne Kopien von Veröffentlichungen in "Das Haus" auszulegen. Es sind Board, Notebook und Beamer zur Verfügung zu stellen. D.h. es handelt sich um eine moderne, umfangreiche Ausstattung, in welcher sich der Kunde wohl fühlt und Lust hat zu kaufen. Diese ist auf dem neuesten Stand, um den Kunden ohne "wenn und aber" die

Vorzüge der eigenen Produkte zeigen zu können. Preisliche Beratung und Förderung.

Leasing soll als Alternative bei großen Stückzahlen in Erwägung gezogen werden. Diese Art der Finanzierung ist unter anderem abhängig vom Kundeninteresse. Bei einer Realisierung ist ein Konzept bis Dezember 2004 zu entwickeln. Rabatte werden nur bei der Finanzierung von mehreren Robotern gewährt, wenn die "HillePojar-Engineering GmbH" einen strategischen Vorteil erwarten kann.

Neben diesen zahlreichen Ausgestaltungsmöglichkeiten kann die Motivation der Absatzorgane durch Erhöhung finanzieller Anreize kann für gelungene Verkäufe erhöht werden.

### 3.4.3 Persönlicher Verkauf

Entscheidend für den erfolgreichen Verkauf des Roboters ist die zwischenmenschliche Beziehung zwischen den GF als Verkäufer und dem Käufer. Dabei ist das Ziel die Erzielung eines Verkaufsabschlusses. Da es sich bei dem Roboter um ein Erklärungsbedürftiges Instrument handelt, muss dieser Art des Verkaufs besondere Bedeutung zugemessen werden. Es dient der Verkaufsunterstützung wie auch der Einstellungs- und Imagebildung durch Informationen direkt durch die GF.

### 3.4.3.1 Festlegung des Verkaufsbudgets

Die Kosten für das Verkaufsbudget verteilen sich in den ersten Jahren bei der "HillePojar - Engineering GmbH" auf konventionelle Werbemittel wie Handzettel oder Werbegeschenke. Jedoch sollen auch frühzeitig der Internetauftritt mit eShop Funktionalität aufgebaut werden.

| | |
|---|---|
| 10000 €/Jahr | für Veröffentlichung, d.h. 1000 Euro für "Living at home" und 1000 Euro für "Das Haus". |
| 1000 €/Jahr | für Infoblätter |
| 2000 €/Jahr | für Werbeartikel: Kugelschreiber, Feuerzeuge mit Firmenaufschrift, Süßwaren |
| 10000 €/Jahr | Räume in Stuttgart |
| 20000 €/Jahr | 4x Minijobs für Hotline, Verkauf + Serviceannahme |
| 26000 €/Jahr = 35000 €/Jahr • 0,75 (siehe Formel 1) | Verkaufsspezialist – Gewährte Rabatte werden von Gehalt abgezogen |
| 1000 € | Aufbau eShop |
| 1000 € | Designverbesserung eShop + Auftritt Internet |
| ~61000€ | Summe |

Tabelle 9 *Festlegung des Verkaufsbudgets der „HillePojar – Engineering" für B2B und B2C im Jahr 2005 (Schätzwerte)*

Die Summe findet sich in der Untersuchung von Herrn Pojar [1] im Kapitel 8.4 Rentabilitätsvorschau wieder.

### 3.4.3.2 Festlegung der Zahl der Mitarbeiter im Außendienst

Die Zahl der Mitarbeiter im Außendienst ist möglichst flexibel zu gestalten. Dadurch können Spitzen und Knicke abgefangen werden. Fest eingeplant sind die Geschäftsführer Herr Dipl.-Ing. Pojar und Herr Dipl.-Ing. Hille. Ferner soll ein professioneller Verkaufsspezialist eingestellt werden. Folgende allgemeingültige Formel soll bei der Berechnung der erforderlichen Anzahl von Mitarbeitern helfen:

$$Z_{AD} = \frac{\text{Zahl der Kunden x Besuchshäufigkeit}}{\text{tägliche Besuchszahl x Zahl der Besuchstage im Jahr}}$$

Es sind in die Formel Schätzwerte eingesetzt worden. Dabei ergibt sich folgendes.

$Z_{AD} = (150 \times 2)/(2 \times 200) = 200/400 = 75\%$ . D.h. es kann ein MA eingestellt werden.

### 3.4.3.3 Schulung der Außendienstmitarbeiter

Schulungen können bei der Einstellung von Führungskräften direkt durch Herrn Pojar oder Herrn Hille durchgeführt werden. Es sind für Schulungen weiter Entwickler aus dem Team vorgesehen. Bei Verkaufsschulungen sind entsprechende Verkaufsspezialisten zu wählen.

### 3.4.3.4 Bildung von Verkaufsbezirken

Auf der Karte in Abbildung 10 sind die Verkaufsgebiete im Bundesgebiet eingetragen. Berücksichtigt wurden dabei die Konzentration der Industrie für den B2B Markt im Süden Deutschlands, sowie die Ballungsräume für den B2C Markt. Hierfür waren die quantitativ relativ hohen Zahlen an Wohnungseinbrüchen ausschlaggebend.

Der Verkaufsspezialist übernimmt im Nordwesten den Verkauf. Es wird eine normale Nachfrage vorhanden sein. Es wird keine hohe Nachfrage im Nordosten geben. Auch hier übernimmt der Verkaufsspezialist den Verkauf.

Die Nachfrage wird im Süden wegen der hohen Konzentration der Industrie am höchsten sein. Hier übernehmen die Geschäftsführer und der Verkaufsspezialist den Verkauf.

# 4 Fazit / Schlussbetrachtung

Es ist in der Einleitung zur Untersuchung gesagt worden, dass der wirtschaftliche Erfolg von technischen und wirtschaftlichen Überlegungen abhängt. Daher sind Überlegungen zum "Feasibility Studie", „Businessplan", „Marketingplan" und der „Markt- und Konkurrenzanalyse" einer erfolgreichen Unternehmensgründung unverzichtbar.

Diese Überlegungen sind in den Arbeiten von Herrn Pojar und Herrn Hille durchgeführt worden. Die Ergebnisse zeigen, dass es möglich ist in den derzeit schwierigen Marktbedingungen ein Unternehmen aufzubauen. Denn es sind Marktbedingungen vorhanden und der Trend zeigt mittelfristig ebenfalls wegen den Erwartungen der Unternehmen Kosten einzusparen die Service-Roboter und Surveillance-Roboter hin.

Kritischer sind die technischen Gegebenheiten zu bewerten. Es ist in der Feasibility (siehe 5.1) darauf hingewiesen worden, dass ständig neue und leistungsfähigere Komponenten für den Markt zur Verfügung stehen. Hersteller stehen unter enormen Preisdruck und Innovationsdruck. Dieser geht an einem Unternehmen wie der "HillePojar Engineering GmbH" nicht vorüber. Es ist vielmehr sehr genau darauf zu achten wie sich IT und Hardware Markt entwickeln. Trends dürfen nicht versäumt werden. Auch Themen wie eTrade sollen langfristig zum Tragen kommen und sind daher unverzichtbar. Es ist leicht zu erkennen, dass hier ein großer Aufwand betrieben werden muss, um überhaupt auf den Markt zu gelangen und dort über mehrere Jahre hinweg konkurrenzfähig zu bleiben.

Die Konkurrenz erscheint auf dem deutschen Markt als eher gering. Jedoch soll dies nicht darüber hinwegtäuschen, dass große Marktanteile an einen Konkurrenten vergeben worden sind, der im wahrsten Sinn Jahre an Vorsprung hat. Dies zeigt sich an der Referenzliste (siehe 5.1.3 Grobe Markteinschätzung für Deutschland) und am Vertriebspartner (Bosch) und der Tatsache, dass ein recht ausgewogenes Portfolio aufgebaut werden konnte. Hier Fuß zu fassen, ist nicht einfach.

Details zu diesen Fragen werden im Marketingplan geklärt und sollen nach der Unternehmensgründung mit Herrn Pojar als Grundlage für die Vermarktung des Roboters dienen. Daher ist zumindest

Optimismus angebracht, da die wichtigen Vorbereitungen getroffen worden sind.

# 5 Anhang

## 5.1 Feasibility Studie

Bevor es zu der Umsetzung der Idee einer Firmengründung gekommen ist, wurde zuerst eine Machbarkeitsstudie durchgeführt. Diese hat zum Ziel auf wenigen Seiten die wesentlichen Informationen zusammenzutragen, die für die technische und wirtschaftliche Umsetzung notwendig sind.

### 5.1.1 Produktbeschreibung

Es soll eine Roboter entwickelt werden, der die folgenden Eigenschaften hat:

o Moderner Aufbau aus Embedded System. Sensorkomponenten werden in die Architektur integriert.

o Moderne Softwaretechnologie auf Java-/.Net-Basis, die den Roboter sehr "logisch" auf Probleme reagieren läßt.

o Neben den rein technischen Eigenschaften sollen auch noch für den IT Bereich typische Gesichtspunkte beachtet werden.

o Update Management für die Software. Dadurch sollen Fehler schnell behoben werden. Ferner sollen die logischen Eigenschaften verbessert werden. Diese Art von Dienstleistung wird ergänzend zu den Produkten angeboten.

o Ausbau des Dienstleistungssektors rund um die Sicherheitstechnik. Dazu gehören neben Kooperationen mit anderen Unternehmen auch die Vermittlung von Sicherheitspersonal.

### 5.1.2 Technische Realisierung

#### 5.1.2.1 Einführung

Für die Entwicklung eines Überwachungsroboters sind eine Vielzahl von Technologien notwendig. Dazu zählen Sensorik, Bildverarbeitung und Softwareentwicklung und der Maschinenbau für den Aufbau der Fahreinheit. Ein großer Teil dieser Technologien ist heute bereits im IT Bereich verbreitet und kann als vollständige

Komponenten für die Integration in einen Roboter verwendet werden.

### 5.1.2.2 Wireless LAN

„WLAN (Wireless Local Area Network) ist eine Technologie, die die drahtlose und schnelle Datenübertragung innerhalb einer begrenzten Zone, in der entsprechende lokale Sende- und Empfangsanlagen installiert sind, bewerkstelligt.[...]". Diese Art der Kommunikation soll für die Abstimmung der einzelnen Roboter untereinander verwendet werden. Der Zugang in ein WLAN-Netz ist denkbar einfach. Der Roboter schaltet sich mittels eines speziellen Endgeräts in einen so genannte Public Hotspot ein. "Immer mehr öffentliche Orte wie z.b. Flughäfen Lounges oder Hotels werden mit WLAN-Technologie ausgestattet". Das praktische an WLANs ist, dass sie problemlos mit Embedded Systems kombiniert werden kann.

Kosten: 50 € - 200 € (siehe Computer Arlt, ELV)

#### 5.1.2.2.1 Die mangelnde Abhörsicherheit

Die Einfachheit der WLAN-Technologie, die auch ihre eigentliche Positionierung darstellt, begründet gleichzeitige eines der Hauptprobleme: Ungeschützte Netze können mit kleinen Handcomputern von jedermann an der nächsten Straßenecke „abgehört" werden. Die insbesondere schon bei kleinen Firmen beliebten Funknetze verfügen in der Regel über keinerlei Abhörschutz. Es gibt inzwischen eine Vielzahl von Lösungen, die z.B. interne WLANs gegen das „Abhören" von außen absichern können. Gerade aber Public Hotspots, wie z.B. Flughafenlounges sollten gut geschützt sein. An möglichen Verschlüsselungsverfahren, die auch Public Hotspots absichern können, wird fieberhaft gearbeitet. Diese Technologie wird auch für die Roboter zur Verfügung gestellt werden müssen.

#### 5.1.2.2.2 Bedeutung für IT Markt

"Das Marktforschungsunternehmen Frost&Sullivan erwartet, dass bis zum Jahre 2006 in Europa ein Jahres Umsatz von kapp 1 Mrd. EUR erreicht werden kann. Nach einer Studie von Juniper Research wird der Weltmarkt bis zum Jahre 2007 für WLAN ein Volumen von 9,6 Mrd. Dollar erreicht haben. Für Europa rechnet Juniper bis zum Jahre 2007 mit einem Umsatz von 2,7 Mrd. Dollar für WLAN-Technik und -Dienste."[6] Dies bedeutet, dass diese Technologie dann auf beliebigem Gelände für die Entwicklung von Robotersystemen zur Verfügung stehen wird.

### 5.1.2.3 Bluetooth

Ist als Komponente erhältlich. D.h. eine Integration zu einem Embedded System ist besonders einfach. Die Reichweite liegt in der Regele von 10m - 100m. Dadurch sind verschieden Anwendungen denkbar. Von einem Handheld für Konfiguration der Roboter oder einer optimalen Datenübertragung zu WLAN oder eine Aktivierungskey für die Roboter reichen die Möglichkeiten.

Kosten: 50 € - 200 € (siehe Computer Arlt, ELV)

### 5.1.2.4 Finger Print System

Ist zunehmend auf dem IT Markt als Komponente vertreten. Dies erleichtert die Integration Kosten sind momentan bei einigen hundert Euro. Die Verwendung reicht von einem Erkennungssystem für Zugangsberechtigte bis zu einem De-/Aktivierungssystem

### 5.1.2.5 GPS/Ortungsystem

Sind meist eigenständige Geräte. Für Notebooks sind GPS Komponenten erhältlich. Kosten liegen bei einigen Hundert Euro. Die Integration ist aufwendiger, da die PCMCIA Schnittstellen verwendet werden.

Kosten: 250 € - 1000 € (siehe Computer Arlt, ELV)

### 5.1.2.6 Spracherkennung

Es gibt Module von IBM, die bereits vor einigen Jahren beachtliche Ergebnisse erzielt haben. diese können auf dem Embedded System abgelegt werden.

Denkbar ist ein Befehlseingabe an die Roboter oder allgemeiner eine reibungslose Mensch Maschine Kommunikation.

Kosten: 200 € - 400 € (siehe Computer Arlt, ELV, IBM)

### 5.1.2.7 Sensortechnik

Hier gibt es zwei Gruppen von Sensoren. CCDs, Infrarot ist als Standardkomponente integrierbar. Es ist kein besonderer Aufwand notwendig. Diese Komponenten sind zudem preisgünstig.

Ultraschall, Radar sind Komponenten, deren Integration aufwendig ist, da diese für spezielle Anwendung verwendet werden. und Schnittstellen zu PCs häufig nicht vorgesehen sind. $CO_2$, Ultraschall, CCD, Infrarot, Radar, ...

Kosten: 50 € - 2500 € (siehe Computer Arlt, ELV, Siemens, HP, Philips)

### 5.1.3 Grobe Markteinschätzung für Deutschland

Die Unternehmen, die in Deutschland an so genannten "Surveillance-" Robotern entwickeln, sind sehr rar. Es gibt neben der KUKA GmbH und der Frauenhofer Gesellschaft noch die Robowatch GmbH. Siehe Wirtschaftswoche [6].

„Die mobilen Überwachungsroboter von Robowatch Technologies GmbH, Berlin sind bei namhaften Unternehmen wie BASF, BMW und Securiton als Unterstützung für das Wachpersonal im Einsatz. Im November stellte Robowatch den Offroad-Roboter „Ofro" vor, der erstmals auch im Außenbereich eingesetzt werden kann. Die nächste Robowatch-Entwicklung ist ein Roboter, der Treppen steigen und damit für mehrere Etagen von Gebäuden genutzt werden kann" [4].

„Die Ost-Berliner Firma Robowatch hat einen selbstfahrenden Roboter namens „Mosro 1" entwickelt. Dieses Gerät verfügt über Rauch-, Gas- und Infrarotsensoren, wie auch eine CCD-Kamera und eine optisch-akkustisches Warnsystem. Es läuft 14-16 Stunden Streife und verträgt Temperaturen von -5 bis 50 Grad Celsius. Per SMS und aktuellen Bildern über WLAN meldet der Roboter jegliche Art von Störfällen."[6] Dies bedeutet, dass diese Produkt, das einzige ist, welches die Zielgruppe der HillePojar-Engineering GmbH abdeckt.

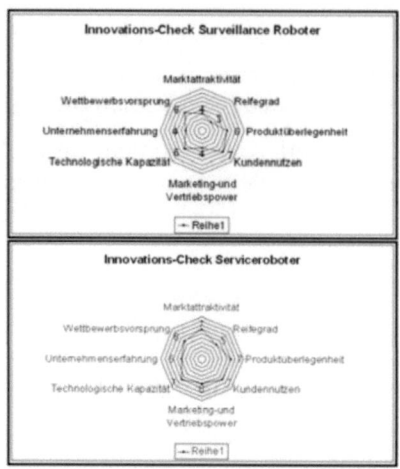

*Abbildung 11 Marktattraktivität für Surveillance Roboter (WIWO)*

Der Markt ist attraktiv. Wie aber unschwer erkennbar ist, muss der Nutzen dem Kunden kommuniziert werden. Dies soll in der Marketingstrategie definiert werden. Neben der Möglichkeit den Bedarf abzuschätzen, kann auch versucht werden den tatsächlichen Bedarf zu ermitteln. Dies geht über

o Befragungen. Sind derzeit auf dem deutschen Markt schwer möglich, da es lediglich einen kleinen Herstellerkreis gibt

o Analysen von Produktionsstatisktiken. Es gibt keine speziellen Produktionsstatistiken für Surveillance Roboter, da es ein Nischenmarkt ist.

o Absatzstrukturuntersuchungen (z.B. des Zentralverbandes der Elektortechnischen Industrie) Es gibt keine spezielle Produktionsstatistiken für Surveillance Roboter, da es ein Nischenmarkt ist.

o Input-Output-Analysen (z.B. des Detuschen Instituts für Wirtschafforschung, des Ifo-Instituts, des Statistischen Bundesamtes). Es gibt keine speziellen Produktionsstatistiken für Surveillance Roboter, da es ein Nischenmarkt ist.

## 5.2 Abkürzungen

| | |
|---|---|
| B2C | Business to Consumer |
| B2B | Business to Business |
| EMV | Elektromagnetische Verträglichkeit |
| GF | Geschäftsführer |
| ITIL | IT Infrastructure Library |
| KMU | Kleine Mittlere Unternehmen |
| MT | Manntage (Projektmanagement) |
| SL | Service Level |

# 6 Literatur- und Quellenverzeichnis

[1] Pojar, Rolf, „Firmengründung ‚HillePojar-Engineering GmbH'",

[2] Gerd Schneider und Hans Born, „Service für den Service-Techniker", Aditec GmbH, Aachen, Alcatel SEL AG Stuttgart, FH Pforzheim

[3] D. Wüstenberg. „Ohne Hilfe. Autonome mobile Roboter finden ihre Wege selbstständig", Maschinenmarkt, Heft 98 (1992)

[4] Myritz, Reinhard. „Cyber Motion Park", Der Arbeitgeber, Heft 3 (2003) S. 27-28

[5] „High-tech security devices", Mechanical Engineering November 1995

[6] Dürand, Dieter „Robosapiens", Wirtschaftswoche, 20.06.2002, Nr. 26, S.96-99

[7] Leo O'Connor, „High-tech security devices", Mechanical Engineering, November 1995

[8]x D Dürand, „Robotics in devery day life", Wirtschaftswoche, 2002 Heft 26, Seite 96-99

[9] O'Connor, „High-Tech-Sicherheitsanlagen", Mechanical Engineering, 1995, Band 117, Heft 11, Seite 89-91

[10] R Stücka, „Kann Software vollständig getestet werden? Professionelles Qualitätsmanagementbei der Entwicklung von Software", Electronic Embedded Systems – Elektronik-Magazin, Heft 6 2001, Seite 28-31

[11] M. Heinz, „Sprachgewandter Datenkurier. Java im Embedded-Markt", IT Management, Heft 6 2000, Seite 32-34

[12] „Robotik-Entwicklungen", GBI Knowledge Summaries, GBI – Internet

[13] Uwe Böttger, „Deutschland ist zweitgrößter Nutzer von Robotern – Mit den eisernen Gesellen geht es wieder aufwärts", Industrieanzeiger, Heft 49 (2003) Seite 30

[14] „Robowatch – Geländegängiger Roboter überwacht Außenanlagen, Maschinenmarkt, 17.11.2003 Nr. 47

[15] „Starwars an der Spree, Berliner klonen R2D2 Roboter als Wächter" Computerwoche 07.06.2002 Nr. 23, S. 50

[16] T Steinmetz, „Aktuelle Forschungsbeiträge zur EMV und EMVU", EMC Journal, Band 11 2000, Seite 91-98

[17] P Davies und S Robsky, „Verschlüsselung mit Tempo. Schnelle DES-Kryptographie mit Hilfe eines anwenderkonfigurierbaren Mikroprozessors", Elektronik Poing, Band 52 (2003), Heft 21, Seite 58-62

[18] J Greutert, „IP Security in eingebetteten Systemen – eine Standortbestimmung aus Praxissicht", Embedded Intelligence, Band 1 (2002)Seite 477-488

[19] Schulzki-Haddouti, „Regulierer fördern Alternative zu UMTS, Neue Lizenzen freigegeben", Financial Times Deutschland, 10.07.2002 S. 8

[20] Dr. A. Birk, „Autonomous recharging of mobile robots", TIB Hannover, 1997 page 443-450

[21] Hamm, Ingo, "Die Zukunft der Trendforschung", Planung & Analyse, 21.02.2003, S.18

[22] Sibum, Doris, "Mit Trendforschung alternative Zukünfte erschließen, Das Frühmedldesy von deutsche Post World Net", Planung & Analyse, 21.02.2003, S. 30

[23] Homburg, Christian / Schäfer, Heiko / Scholl Michael, "Multi-Channel-Management. Verschlungene Wege zum Kunden", Logistik heute, Heft 01-02, 2002, S. 1-3

[24] ITIL, www.itil.org

[25] Rees, Dagmar, "Viele Wege führen zum Kunden", Cybiz, Heft:05, 2002, S. 31

[26] Das Haus, Ausgabe 05/2004, Seite 42

[27] Myritz, Reinhard, "Cyber Motion Park - Eine Startrampe für junge Unternehmen", Der Arbeitgeber, Jahr 2003, Heft 3, Seiten 27-28

[28] Anbieter Surveillanc Roboter

[29] Marketinginstrumente

[30] „Kanalübergreifendews Kampagnenmanagement, Kunden zielorientiert ansprechen", Sparkassen Zeitung, 18.10.2002, Nr 42, S. 11

[31] [GBI KnowledgeSummaries, Direktmarketing – erfolgreicher Weg zum Kunden

aus dem Themenbereich 'Marketing und Vertrieb' = [26]

[32] [ GBI KnowledgeSummaries Customer-Relationship-Management (CRM) - aus dem Themenbereich 'Marketing und Vertrieb' = [27]

[33] Wilhelm, Sybille, „Werbung, Ohne Umwege", Der Handel, 07.05.2003, S. 32

[34] Anweiler, Rolf, „Gut beraten mit E-Mail Marketing, Warum gerade Versicherungen von digitalen Kommunikation profitieren", Versicherungswirtschaft. 15.10.2002, Heft 20, S. 1599

[35] GBI KnowledgeSummaries, „Effizienzcheck im Marketing", aus dem Themenbereich „Marketing und Vertrieb"

[36] Braunschweig, Stefan, „Ein Evergreen wird zum Hit", werben & verkaufen, Nr. 43, 25.10.2002, S.27

[37] „B2B-Onlinehandel soll sich verdoppeln", MARKET WEBMAGAZIN vom 06.08.2002 = [30]

[38] Pojar, Hille, "Projektplan für Entwicklung eine Roboter Prototypen", 2004

[39] Süddeutsche Zeitung, „Albtraum für Einbrecher", 14. April 2003

[40] BKA Statistiken für Kriminalität in Deutschland, www.bka.de

[41] Focus Magazin, „ROBOTER-WACHHUND FUER ZU HAUSE - Konkurrenz für R2-D2", 24. Juni 2002

[42] Maschinenmarkt, „Robowatch - Geländegängiger Roboter überwacht Außenanlagen", 17. November 2003

[43] BKA, „6,83 Milliarden Euro Schaden durch Wirtschaftskriminalität - BKA veröffentlicht Bundeslagebericht 2003", www.bka.de